社会主义核心价值体系建设

"双百"出版工程

项　目

/ 100 位

新中国成立以来感动中国人物/

# 包 起 帆

冯亦珍/著

★

吉林文史出版社

# 前言

　　每个人的心中都多少有一点英雄情结，都向往英雄、景仰英雄。也正因此，在中华人民共和国建国六十周年之际，由中央十一部委联合组织开展的"100位为新中国成立作出突出贡献的英雄模范人物和100位新中国成立以来感动中国人物"的评选活动中，群众参与投票总数近一亿。这其中的每一张选票，都表达了人们对英雄模范的崇敬之情，寄托着对伟大祖国的美好祝福。

　　一个民族不能没有英雄，否则这个民族就不会强大。当国家危难之时，懦弱者选择了逃避、妥协甚至投降，英雄们却挺身而出，用热血捍卫民族的尊严，人民的幸福。在创立和建设新中国的伟大历程中，涌现出无数可歌可泣的英雄模范人物。他们之中，有为了民族独立和人民解放而英勇牺牲的革命先烈，有为了党和人民的事业而不懈奋斗的优秀共产党员，有在全民族抗战中顽强奋战、为国捐躯的爱国将士，有英勇杀敌的战斗英雄和革命群众，有积极从事进步活动的著名民主爱国人士和国际友人……他们是民族的脊梁、祖国的骄傲，是激励全体人民团结奋斗的精神力量。

　　《100位新中国成立以来感动中国人物》丛书，就像一部星光璀璨的英雄谱，真实、完整地记录了英雄模范人物不平凡的一生，再现了他们非凡的人格魅力和精神世界。舍身堵枪眼的黄继光，拼命也要拿下大油田的王进喜，中国原子弹之父邓稼先，新时期领导干部的楷模孔繁森……一串串闪光的名字，一个个动人的故事，犹如群星闪烁，光耀中华。

　　当今中国正处于伟大变革的时代，迫切需要涌现出一大批勇于承担历史使命、为祖国和人民奉献一切的先进人物。在"双百"人物崇高精神的引领下，在建设社会主义现代化国家的征程中，必将英雄辈出。

# 生平简介

包起帆，男，1951年2月2日出生于上海，1968年参加工作，1985年加入中国共产党，1981年在上海第二工业大学大专毕业，后又在武汉理工大学物流技术与装备专业本科毕业、研究生毕业，获硕士学位。

他是一名从码头工人成长起来的教授级高级工程师，长期在港口生产第一线从事物流工程的研发工作。早在上世纪80年代，他结合港口生产实际，开展新型抓斗及工艺系统的研发，创造性地解决了一批关键技术难题，被誉为"抓斗大王"。进入新世纪，他又领军发明了国际上被誉为"人类运输方式革命"的集装箱电子标签系统。在罗泾港区建设上，他提出并在世界上首次实现了公共码头与大型钢铁企业间无缝隙物流配送新模式，实现了一条岸线同时供公共码头、钢厂和电厂灰场共用的方案，成为资源节约型、环境友好型码头建设的优秀典范，此举得到了国际工程界的充分肯定和褒奖。2009年11月，他获得世界工程组织联合会"阿西布·萨巴格(Hassib J. Sabbagh)优秀工程建设奖"。这是我国工程界首次获此殊荣。2006年5月，在巴黎国际发明博览会上，他一人获得4枚金奖，成为105年来在该展会上一次获得金奖最多的人。2009年5月，国际标准化组织正式任命包起帆负责领导工作组编写集装箱电子标签国际标准。这项标准于2011年11月30日由国际标准化组织正式发布，编号ISO 18186。这是自中国1978年开始参与国际标准化组织活动以来，在物流、物联网领域第一个由中国专家发起、起草和主导的国际标准，是中国拥有自主知识产权的创新成果最终上升为国际标准的典范，也是我国交通运输系统首次登上领衔制定国际标准舞台。

包起帆是对我国港口业作出特殊贡献的共和国骄子，闻名遐迩的全国劳模和发明家。从1981年起，由包起帆主持、他和他的团队开发的专用抓斗系列和工艺，创造性地解决了一批关键技术难题，改变了我国港口装卸工艺的落后状况。他们共完成了130多项技术创新项目，其中3项获得国家发明奖，3项获得国家科技进步奖，38项获得省部级科技进步奖，34项获得日内瓦、巴黎、布鲁塞尔等国际发明展览会金奖；授权国家和国际专利46项。

包起帆连续5次当选全国劳动模范、9次当选上海市劳动模范、2次获得全国五一劳动奖章。他还获得全国优秀共产党员、全国优秀科技工作者、全国道德模范光荣称号。他是党的十四大、十五大、十六大、十七大代表。2009年在全国评选的100位感动中国人物，包起帆名列其中；他还被评为建国六十周年最具影响力的劳动模范。

## 1951-

**[BAOQIFAN]**

◀ 包起帆

# 目 录 MULU

# 创新精神的诠释和守护（代序）

　　一个码头工人，引发了一场改变运输方式的划时代革命；一个初中尚未毕业的"老三届"，成为荣获百余个国际和国内奖项的国家级专家、教授级高级工程师；曾经的普通装卸工走上领导岗位，推动企业和港口建设面貌发生了巨变……。他就是工人发明家、抓斗大王包起帆。四十多年的创新之路，展示了他对创新精神的诠释和守护。

　　包起帆说："江泽民同志曾经说过，'创新是一个民族进步的灵魂，是国家兴旺发达的不竭动力。国家如此，企业也是如此。'我深切地感到创新精神始终是企业改革和发展的主旋律。"

　　"创造发明，人人可为。"这句话引领着包起帆走上了一条艰辛、坎坷的发明之路。

　　1981年10月，包起帆发明的"双索门机木材抓斗"终于问世了。这是中国港口史上的第一个用来卸大船木材的抓斗，工人可以不再下到船舱去捆扎木材，实现了人、木分离，用了木材抓斗后，码头上没有再发生重大伤亡事故。这以后，包起帆与同事们又花了3年时间，研发了木材抓斗系列。据交通部统计，从1981年到1983年，全国9个沿海港口木材装卸死亡14人，重伤64人。从1984年起在全国沿海港口推广木材抓斗后，至今没有发生过一起重大伤亡事故。

　　"发明之路就在脚下，无处不在的需求，是创新的主题。"包起帆把目光投向生产领域的薄弱环节。哪里不安全，哪里效率低，哪里成本高，就在哪里动脑筋、搞创新。

　　这是一个知识改变命运的时代，这是一个科技决定未来的时代。包起帆为发展港口科技倾心倾力。从1981年以来，包起帆与同事们完成了130多项技术创新项目，获得46项国家和国际专利。这一系列的突破与跨越，使中国从一个港口大国向港口强国迈出了坚实的一步。包起帆与研究团队的每个发明成果，不仅提升了港口装卸技术和工艺水平的高度，也提升了中国科学精神和想象力的高度，提升了民族自信心和民族凝聚力的高度，印证了中国人是有智慧的，是有无限创造力的。

在上海港加快迈向国际一流的大港，上海加快建设国际航运中心的发展进程中，包起帆及他的科研团队功不可没。

抓斗大王包起帆将自己毕生的精力奉献于中国的港口事业，他的发明活动贯穿于职业生涯的始终。在中国的港口业界，他有大建树、大突破、大贡献。这位装卸工出身的发明家，以辉煌的业绩彪炳史册。

1993年10月26日，交通部、全国总工会和中国公路运输工会联合发出《关于在全国交通系统开展向全国劳动模范包起帆同志学习的决定》，肯定了包起帆"不仅严格按照经济规律办事，以科学、严谨的态度从事经济活动，为国家、企业创造了大量财富，而且坚持共产党员的党性原则，树立正确的理想、信念和价值观，发扬全心全意为人民服务和无私奉献的精神"。之后不久，中宣部、交通部于1994年3月2日专门为包起帆联合举办了"新时期创业精神报告会"，包起帆登上人民大会堂讲台，以"我的理想、事业和追求"为题作了报告。在北京的军事博物馆同时举办了"全国劳动模范包起帆先进事迹展览"，中央各大媒体纷纷作了集中报道，掀起了包起帆事迹宣传的全国高潮。

在1995年3月5日举行的第八届全国人民代表大会第三次会议上，包起帆的名字出现在李鹏总理所作的政府工作报告中——"在改革开放和社会主义现代化建设中，各个领域各个地区都涌现出许多英雄模范人物，……自学成才、有多项发明创造的工程师包起帆同志……都是学习的榜样。"

2006年8月30日，包起帆再登共和国最高讲台。中宣部、科技部、交通部、全国总工会和中共上海市委联合在人民大会堂举行的包起帆同志科技创新先进事迹报告会，会上包起帆作了题为"岗位是我创新的土壤"的主题报告，讲述了自己的成长历程，报告团成员讲述了包起帆情系职工、报效祖国、不断创新的事迹。中共中央政治局委员、全国人大常委会副委员长、中华全国总工会主席王兆国在报告会发表讲话，要求"广大职工要自觉肩负起历史使命，发扬主人翁精神，以包起帆同志为榜样，勤于学习，甘于奉献，积极参加科技创新实践，为建设创新型国家作出更大的贡献"。

# 发明家原是码头装卸工

# → 寒门孝子

★★★★★

1922 年，刚刚 14 岁的包大绥提着一个竹箱乘上宁波轮船，从宁波镇海来到上海。

在镇海老家，包大绥家境贫困，生活艰辛。他 3 岁丧父，全靠阿娘（奶奶）到人家家中帮佣来养活全家。14 岁那一年，包大绥感到自己长大了，决定不再依靠家里养活，要到上海闯一闯。

一个人背井离乡，独闯上海，是为了改变命运。但人生地不熟，包大绥也不知道命运之舟将把他载向何方。但是，14 岁的少年包大绥心里很清楚，没有人可以依靠，没有钱可以支撑，一切都只能靠自己从头做起。一来上海他便在南市的建设机器厂当学徒工。他学做铜匠（即钳工），因为刻苦踏实，心灵手巧，很快就学得一门手艺。以后他与几个师兄弟一起创过业。

他在上海延安路的一个石库门房子里安

了家。石库门房子是上海典型的老式住宅，家家户户门挨着门，房靠着房。一个厨房有七八户人家合用。虽然拥挤，而且穷困，但石库门里的相互扶持，温情关照的友情，仍让人感受到脉脉暖意。石库门里的人大都具有埋头苦干、隐忍坚强、圆润周到等好品质，这被认为是石库门文化的核心部分。

1951年2月2日，包大绥的儿子包起帆就出生在这里。因为有大海情结，他给孩子取名起帆，"起"是包家辈分号，"起"包含有包家的祖训，做任何事，都要从脚下起步，脚踏实地。"帆"表达了父亲的心愿，自己是坐船来到上海的，这孩子将与大海、码头、轮船结缘，扬帆起航。

那是一个贫困的年代，也是一个多子女的年代。包起帆在兄弟姐妹五人中排名老二。他是一个懂事乖巧的孩子。

"新阿大，旧阿二"，这是宁波人的持家之道，他总是默默地穿着哥哥的旧衣服，没有怨言。

后来，他们搬家到南市的河南南路。1958年包起帆上小学，上的是曹寺弄小学（蓬莱路第三小学的前身）。从小学一年级起，包起帆总是学习优异，每次考试不是第一，就是第二。母亲倪仁娥说，包起帆就是喜欢读书，就是钻进被窝里，还拿着一本书。老师说，这个学生是读书的料。

他是一个爱学习的人。在那艰辛的岁月里，他仍抓住一切机会汲取知识。

在他小的时候，课余生活是较为单调的。于是，听广播是他学习的一个方式。那时候，收音机也是稀罕货。家里没有收音机，他就自己做。他找了一副线圈、一个可变电容、一个固定电容、一个检波器和一副耳机，便组装成一个矿石收音机。

发明家原是码头装卸工

这个简单的收音机打开了他了解世事之门。雷锋、孟泰、王进喜这些英模人物成为他的偶像。那时候，他特别注意收听了焦裕禄的报道，他听到焦裕禄在身患严重肝病还亲自去治沙，不禁流下眼泪。他默默地发誓，长大后也要像焦裕禄一样，为国家、为人民吃苦耐劳，无私奉献。

上世纪 60 年代初，正逢三年自然灾害时期，粮食供应很紧张，家里的食品常常不足。包起帆也像大家一样，吃苋菜秆、菜皮、豆渣等。但是贫困的生活并没有夺走他的好学上进的志向。

小学四年级时，包起帆得到了一个到南市区少儿图书馆当义务借书员的机会。这让他兴奋不已。他走进书的海洋，《青春之歌》、《林海雪原》、《红旗谱》等当时的热门书籍，他都能看到。书本成为他的朋友，让他了解更广阔的世界。他知道了高尔基，他记住了高尔基的话："书是人类进步的阶梯。"

"也许就在那时，让我爱上了文学作品，羡慕起写书的人。因为羡慕，所以有了梦想，我想当文学家。为了这个梦想，我开始收藏有好文章的报纸。那时候收藏不像现在那么容易，报纸很少，找到一张不容易。小时候我收藏的报纸，到现在还没有丢呢，那可是一个少年的梦想啊。后来，我学着写诗，常有诗歌上了学校的黑板报，蓝天、白云、大海、花儿，都能进到我的诗里，因此被同学称为'小诗人'。"所以，到现在，他妈妈还常会跟人谈起他家的柜子里至今保留着的他学生时代爱读的报刊一大摞。

"好好学习，天天向上，为了共产主义事业，我们时刻准备着！"这是包起帆加入少年先锋队的入队誓言，现在他还记得很清楚。

他是一个刻苦专心的学生。一旦有问题，他会立即提问，直到弄清楚才放心。如果考试少了一分，他会反复查看，找出出错的原因，并举一反三。他不让自己重复犯同一类的错误。

好学上进的他也乐于助人。他说："衡量一个少先队员是否优秀，并不单看成绩，还要看他是否愿意帮助同学。我们当时一般都有'一帮一'的学习小组，一个成绩好的与一个成绩差的在一起，每天放学后一起看书，一起做作业。其实，我在辅导别人时，自己也能巩固学到的知识，成绩也能提高。"

除了帮助同学学习，他还参加公益活动。那时正是学雷锋、学焦裕禄的火红年代，包起帆也经常外出参加打扫马路、到烈士家里帮助做家务。这培养了他助人为乐的个性。

到初中以后，他帮家里做家务也更多了。他们居住的石库门的一间陋室，一个水龙头要七八户人家排队打水，因为压力小水的流量很小，细水长流般地积在盆里。放学回家，他默默地去打水，帮母亲把重活干了。他拖地、买菜、洗菜等，还会烧饭。他记得当时去买菜，妈妈每天只给他1毛5分钱，周日也只有2毛5分钱买全家的菜。为此，他总是精打细算，挑便宜实惠的菜买回来，把一家人的生活安排好。他记得很清楚，在新年即将来到时，他与同学约好一起去买菜。

发明家原是码头装卸工

在那个经济短缺年代，不仅食品是计划供应，同时还要排长队去买。有一年，过年时每家发了一张家禽票。如去早了可以买鹅，晚一点买鸭，再晚就只能买鸡了。因为鹅大，所以很热门，大家都要争先排队。他半夜两三点钟就起床了。在那个寒冷漆黑的夜晚，他在队伍中直打哆嗦，跺着脚，哈着气取暖。开秤时间要等几个小时，他就这样等，买菜回来，他特别高兴，终于为家里干了一件大事。

他是一个喜欢动手的人，很快就迷上了做船模。放学后，他常与同学一起到少年科技站学习制作船模。南京路上有一个航模船模商店，是他常去的地方。他省下零用钱、压岁钱，用来购买材料，制作了一个个船模。当一个个船模下水航行时，他的心也带着梦幻幸福在水中遨游。他成为闻名校园的"船模王"。

从小学开始，他包起帆就喜欢体育活动。打乒乓球、田径等都喜欢。有一次，他参加跳高比赛，却比输了。他不服，放学后就一个劲儿地练，助跑、起跳、转身，在每个步骤中找不足。那一天，他一练练了几小时，直到天黑了才回家，让妈妈好一阵担心。但妈妈知道他在练跳高，就没责备他。妈妈看出来了，包起帆小小年纪是个有志气的人。

那时，家庭普遍贫穷，小孩子大都没有玩具，玩的就是因陋就简的玩意儿。上海男孩子的弄堂游戏就是滚铁环，这也是包起帆的爱好。儿时的他滚着铁环奔跑，每次都能占先。

童年是一座取之不尽的宝库。留一份童心，就是留下了一分真诚;留一份童心，拓展了一份创意。他的爱党、爱国、爱家、爱企业的品德，他的刻苦钻研、坚持不懈、喜欢挑战、不畏困难、乐于助人的精神都是从小培养的。

有一次，上海举行第一个体育健身日活动，那天下着雨，在蒙蒙细雨中，包起帆仍兴致勃勃地赶到现场。他一出现，人流涌动，原来当天邮政部门发行了健身日首日封，许多集邮爱好者要他签名留念。包起帆一一应诺。他说："我其实也很喜欢体育运动，但是平时因为太忙，就顾不上了。看到下着雨还有那么多人来健身，我很内疚。今天我在健身日首日封上签名，也是和健身签约，以后，我也要积极参加健身运动，还要动员我的同事也来参加。"

听了他的讲话，大家热烈鼓掌，并推举他为健身村村长。有市民问："村长今天准备参加什么活动？"包起帆笑答："滚铁环吧，那是我小时候玩的。我的技巧也不错的。"

果然，当有人拿来铁环后，他立即滚起铁环来，一招一式，非常地道。

在中国重返奥运后，包起帆一直关注着奥运健儿。至今，他还记得许海峰获得奥运第一块金牌，还有王军霞夺金之后披着国旗绕场一圈的情景。

2001 年 7 月 13 日，他很早就守在电视机旁，等待北京申奥的消息。晚上 10 点 15 分，当国际奥委会主席萨马兰奇在莫斯科现场向全世界宣布北京申奥成功时，他情不自禁地欢呼："好！太好了！"

当奥运会的火炬传递到上海时，包起帆是上海站的一名光荣的火炬手。2008年5月23日，北京奥运的圣火传到上海市中心，身着红白相间运动服的包起帆，高擎火炬，从上海一大会址出发奔跑在上海街头。这一刻永远镌刻在他的心上，给他留下了难以忘怀的记忆。

包起帆说，喜欢体育是因为喜欢竞争，喜欢挑战。为跳高较真、做船模要标新立异、为考试没有得到满分而懊恼，这都是从小养成的性格特征。

一次有体育记者采访他，窗外大雨滂沱。包起帆看着窗外说："看见吗，雨水都知道争先恐后的。其实竞争是自然界的一种本能，生存本能，自强本能；这还是人类的一种精神，进取精神、拼搏精神。这种精神不仅体育竞赛有，我搞发明创造也有。工作环境恶劣，危及生命安全，就会

▽ 传递奥运火炬

△ 给小学生签名

想到变革。你不竞争不拼搏，就会落伍。搞企业也是这样，今天赚钱了，不等于明天也赚钱，只有再接再厉，才能达到新的高度，作出更大的贡献。"

他是一个爱国、爱党的好公民，爱企业的好员工，在家里他也是一个孝子。"文革"中，包起帆的兄弟姐妹有3人到外地或本地郊区务农，一个妹妹出嫁了。家里只能靠包起帆照料。父亲因为长年的劳累，得了哮喘病。在当装卸工的那些年，每到冬季以及季节交换时，父亲总是犯病。有一次，他看父亲咳得不行，便从医务室配了一瓶止咳糖浆"半夏露"。想不到这件平常小事，却触发了父亲的怒火。结果他被父亲狠狠地训斥了一顿："我怎么能用你的劳保药呢?"这件事给了他深刻的教育，父亲为人处世的准则，脉络清晰，昭昭在目，给包起帆留下深刻印象。从此以后，他再也不干那样的事。有时上夜班回家，看到父亲咳喘不止，他就立即送父亲到医院打吊针。一个装卸工人干了八小时的重体力活，再去医院陪夜，实在是吃不消。包起帆有时站着也要打瞌睡，但是他咬牙挺着。休息不到一两个小时，又赶去上班，因为在路上就得花三四个小时。

在包起帆的生活中，母亲一直对他有很大的影响，母亲的理解、鼓励和关心，给了他很大的力量。2003年84岁的老母亲因患癌症要去医院手术，不愿麻烦打扰人的包起帆第一次破例亲自联系了医院，安排手术。在母亲手术期间，他一直牵挂着，麻醉是不是成功，出血多不多……在母亲手术后的日子里，他不管多么忙，都要挤时间去医院探望。只要守着母亲多说会儿话，多叫几声妈，他心里也会踏实一点儿。他说："孝顺母亲，才会解我之忧。"

母亲在包起帆的悉心照料下已康复了。现在93岁的母亲仍然健在。

## ⊙→ 码头草根

★★★★★

"文革"开始时，包起帆是上海蓬莱中学的初中二年级学生。他是1967届的初中生，

△ 工人在装卸废钢

也就是被称为"老三届"的那一代人。但在1966年"文革"开始后，被革命风暴席卷，学校早已不上课。大字报、大串联、红卫兵，作为初中生的包起帆很少介入。

在家待了一年以后，学校对"老三届"学生开始分配工作了。在那个年代，知识青年上山下乡热潮正风起云涌，几乎没有一个家庭不被这股潮流所裹胁。包起帆的哥哥去了崇明农场，妹妹一个去江西，一个去安徽。按当时的政策，包起帆就分配到浦东白莲泾装卸站当码头工人。到码头能拿工资，生活有了着落，这已是上上大吉了。他父亲很高兴，拍拍他肩膀说："好好干！"他点了点头，答应道："我会好好干的。"

1968年12月15日，17岁的包起帆进了上海港白莲泾装卸站（后先后更名为上海港第四装卸区、上海港木材装卸公司、上海港南浦港务公司）当装卸工。地处白莲泾的这个装卸站，主要是以装卸木材、生铁、废钢等为主。

身着崭新工作服的包起帆，踏上码头，他的内心充盈着无限的自豪感。在蓝天的映衬下，那吊机高耸入云，举目望去，宽广平坦的场地上堆积如山的木头就像列兵排着整齐的队伍，远处万吨轮就像水上高楼，气势非凡。他四处远眺，打量着自己即将开始工作的地方，内心突然冒出一个想法：呵呵，父亲给自己取的这个名字就有先见之明，自己确实与码头、轮船有缘，这个名字就决定了自己的未来。

可是正在激情迸发、陷入遐想时，突然一声轰响，打断了他的思路。他看到不远处，一根粗大的原木砸下来了，随着工人的叫喊声"快跑！"原木正砸在一辆平板车上，平板车剧烈地颤抖着，腾起一股尘土。啊，如果下面有人，那后果就不堪设想了。这一幕，在他心里打下深深的烙印。

第一天报到回来，他向母亲描述码头的情况，码头很大，木头堆得有多高，万吨巨轮高大雄伟，这是一个好地方。他唯独没有说木头砸下来的那一幕。他怕母亲从此会太担心。

他进码头时还在"文革"动荡期间，那是一个火热的年代。他与那么多的同他一样年轻的工人在码头上挥汗如雨。码头工人一直被称为"苦力"，装卸确实是一份又重又累又苦的活儿。严寒酷暑，码头上无遮无挡。冬天，船舱里如同一个冰窟，西北风呼呼吹，风吹到脸上像刀割一样疼痛。不一会儿，工人的手脚都冻僵了、麻木了，手指都无法弯起来。夏日，码头上气温骤升，水银柱一个劲儿地往上蹿，天气预报说气温在30℃、31℃，但在火辣辣的太阳的炙烤下，码头上气温在40℃、50℃以上是常有的事。

一艘装载木材的万吨巨轮来靠泊，要有四五条作业线，20多名工人一起作业，穿钢丝绳，一头穿好，再穿另一头，然后，伸出大拇指，示意吊车司机起吊，工人们要不停地在木头上跳来跳去，凭经验选择一个安全的位置站好，要随时躲避因捆扎不妥而突出的、晃动的、掉下的木头的撞击。

生铁是常接的活，生铁每块重 25 公斤，算下来每个工人每工班要搬动六七吨的生铁。也就是每个工人的每工班要低头哈腰 3000 多次。

装卸袋装物也不轻松。装卸化肥，一个人每工班要搬上千包，戴手套会打滑，干活不利索；用手钩，则会造成破损，影响装卸质量；一般都用手抬，不到一小时，手就磨破、出血，被化肥灼得钻心痛。

这样的苦，包起帆都吃过。

"文革"期间，管理松懈，干多干少一个样。没有考核，没有指标，不计工效，没有奖金，劳动全凭自觉。那时候社会上流行"36 元万岁"，工人一般都拿整齐划一的月工资 36 元。码头、铁路等属于特种行业，一线工人的定粮高，月工资也多一些，为 40 元。在那个捧铁饭碗、吃大锅饭的年代，包起帆始终是一个一丝不苟、埋头苦干的人。虽然是一个码头小工，但是他坚持要把每一件交给他的任务做得妥当、出色。

头戴安全帽，身穿破棉袄，脚蹬硬底靴，包起帆在码头上日夜劳作。每天 8 小时的装卸搬运工作，包起帆是实打实地干，一到下班，他就像散了架似的，实在是筋疲力尽。每天包起帆回家后，他母亲总是边盛饭边叫儿子去洗把脸。桌子上都摆着儿子爱吃的菜，心疼儿子的母亲知道他干的活很重很苦，想着法子让他增加营养。有一天，儿子下班，母亲照例让他去洗脸，但盛好饭后，母亲左呼右唤却不见包起帆出来，母亲进房一看，包起帆却趴在床上已睡着了。母亲的眼泪已流出来了，她仔细端详着儿子，只见他更黑更瘦了。第二天，她找出了积攒下来的肉票，买了半斤肉准备让包起帆补身体，却左等右等看不到儿子回家来。原来，那天包起帆正在加班卸货，一船的原木当晚要卸完。

码头上的装卸作业，说简单很简单，但有时遇到困难也很棘手。有一次包起帆当班，来了一艘老式的货船，货物的分票也不清，工友们都说，这是一块硬骨头。这时包起帆就会想，如果王进喜遇到这个困难会怎么做？焦裕禄活着会怎么样？他说，英模人物给他底气和勇气，所以他就不怕困难。

包起帆和他的工友们工作认真，常受到船方的好评。后来，年纪轻轻的包起帆当上装卸组班长。

## ➡ 港口之觞

★★★★★

上海是中国最早开埠的港口城市，装卸业也已有百余年的历史。但历史悠久的装卸业是从"过山跳"、"人挑肩扛"的低起点上发展起来的，经过漫长的岁月，仍然是一项非常繁重的体力活。

讲起装卸历史，老码头记忆犹新。

解放前，上海港码头上，装装卸卸全都靠人力。码头工大都是打临工的，码头有事，包工头一呼叫，便有工人来做工。工人需自备扛棒、绳子、扁担、煤锹、搭肩布，码头上有木跳板，以及堆高用的"过山跳"，还有竹簸箕。吊车是在新中国成立以后才有的。从上世纪50年代开始，工人们创造了八角斗、网兜等，还有了手推车、滑梯等工具。以后又增加了吊车、拖头，为了防止落江、坠舱等事故，码头上有了保护工人安全的安全带、安全网、救生衣等。50年代末60年初，船用抓斗开始运用，码头也逐步有了带式输送机，

△ 木老虎

并有功能更好的万能网兜、货盘等出现。工具的改进，减轻了工人的劳动强度，但是因为多种原因，许多货种仍然需要人力装卸。上世纪六七十年代的上海港，码头上并不像京剧《海港》所唱的那样"轻轻地一抓就起来……"包起帆所在的装卸区，地处浦东白莲泾，这个装卸区以装卸木材为主，所装卸的木材占全国沿海港口总量的1/4，每年的运输量达二百至三百万立方米。

熟悉码头的人都知道，木材装卸是码头上最繁重、最危险的货种之一，被称为"木老虎"。每次船靠泊后，工人们都要下船舱，先用细钢丝绳提头，再用28毫米的钢丝绳，将木头套起来、挂上吊钩，然后让吊车把木头吊出船舱。运量很大的原木大都是从美国、加拿大、东南亚和前苏联进口的。原木又长又粗又重，每根重五六百公斤至一二吨，重的达十多吨。每个工班有20个工人作业，卸船时吊机伸展巨臂在左右高低运行，起吊时工人要不停地在原木上跳来跳去，躲避被碰撞伤害。一旦木头晃动滑落，后果就不堪设想。在装卸过程中，工人的脚下木材还常常会滚动而伤人。

一次，船舱里正在紧张作业，刚刚吊走船中间的一批原木，两旁的原木因没有受到支撑力，开始滚动，向站在中间的张师傅滚去。哗啦啦，如大厦坍塌，把毫无准备的张师傅压在七八根原木中间，张师傅的胸膛迅即被压扁，鲜血从他的嘴里喷涌而出。包起帆和工友们含着泪呼喊着张师傅的名字，拼命地搬去压在张师傅身上的原木，张师傅奄奄一息，在世间弥留的最后一刻，他绝望地望着包起帆，留下的呼喊是："木、木头……"没多久张师傅便永远地闭上了眼睛。

在当装卸工的几年里，他多次目睹了码头上木材肆虐的状况，那一幕幕惨状，刻骨铭心。

1971 年 8 月的一天，和他同一天进装卸区的同学黄瑞森在船舱里检查钢丝绳，突然一根从钢丝绳中脱落的原木从空中降落，砸在小黄的背上，他惨叫一声倒在木堆上，倒在包起帆的身边，嘴里立即就喷出鲜血。他被急送到医院后，经验查小黄被原木压断了 10 根肋骨，从此站立不起来。他们是从小一起长大的朋友，他们说好当天要一起去大光明电影院看电影的，还要一起去吃小笼包的。在送他去医院后，包起帆号啕大哭。他喊叫着："为什么会这样？为什么？"泪在他的

△ 木材码头

胸中沸腾，他的心仿佛在其中煮着。

还有一次，一根原木从钢丝绳中脱落，击中一名青年女工的头部，她当即倒毙。

只要木材装卸工艺不改进，事故仍然与工人相伴。

1979年，在一个月的时间内码头上有三个人因工伤去世，他们都是二三十岁的年轻人。

在包起帆进上海港码头工作的1968年至1981年，仅他所在的码头就有11人被木材夺去了生命，重伤轻伤的人达546人次。

作为一名装卸工，包起帆在那几年里，自己也亲历了"木老虎"的厉害。他手上、脚上也留着疤，那是他的痛。1970年的一天，他和工友一起在卸一艘木材船，他在船舱里捆扎原木，刚刚扎完，去挂钩时，吊车就启动上升了，钢丝绳一下子收紧，一下子把他的左手连同手套一起向上拖去。他大声呼喊，让起重机吊钩松下来，当他取下手套来，发现大拇指已经血肉模糊，鲜血直流，连骨头都看到了，如火烧电击，他感到痛彻心肺，十指连心啊。他被送到医院，缝了十多针。至今，他左手大拇指到虎口，还有一条深深的伤疤清晰可见。1974年的一天，在装卸时，他的左脚也被压骨折。

这是生命的代价，这是血的付出。码头草根的痛苦，赋予他一种执著坚毅的力量。他决心要改变现状，"人力装卸木材的历史一定要在我们这一代手中结束"。他要实现木、人分离，要让工人离开危险的作业环境。

这是包起帆与码头的一个约定，这个念想积淀于他的精神深处，形成了难以移易的精神内核。他默默地把这副沉甸甸的担子压在自己的身上。

# 创新之路上的跋涉者

# → 抓斗之梦

★★★★★

在装卸区，包起帆与其他工人一样，日子过得简单又朴实。但是，他的头脑却快速地转动起来。他远眺码头上装卸黄沙、石子的场景，抓斗一启一闭，船上的黄沙、石子被轻轻抓起，在场地上如瀑布般地倾泻。抓斗使黄沙、石子的装卸实现了机械化，工人无需再用铁锹一次次铲，劳动强度降低，装卸效率提高。

为什么黄沙、石子能用抓斗装卸而木材不能呢? 包起帆在思考着，应该搞一个木材抓斗，用机械化代替人力，让工人摆脱危机重重的作业环境。

他以人、木分离，建构起他的设计思路和阐释框架。

当时，他对抓斗一窍不通。他把自己的想法告诉工友时，许多人摇头了，肯定不行。怎么可能呢? 黄沙、石子与木材是完全不同的货种，木材又长又粗又重，怎么能抓得起。工友们告诉他说，上海港早在1958年工人搞革新的时候，老师傅就造过木材抓斗，但是造出来不能用，被扔掉了。1976年，也有工程师搞过木材抓斗，造出来后也不能用，同样也被丢在废钢堆里去了。工友们说："装装卸卸多少年来就是这样做的，如果木材装卸能用抓斗，那就早用上了。你一个工人操什么心呢！"

70年代后期当人们从"文革"中惊醒，普遍感到迷茫和虚幻。而包起帆却从百废待兴、百业待举中，看到巨大的遐想空间。

包起帆想，人往往会受到习惯和群体意识的限制，别人做什么我也做什么，别人怎么做我也怎么做，而且老是喜欢按老办法、老习惯行事，为什么就不可以打破老习惯按照自己的意愿来做呢？随着"文革"的结束，改革开放的起步，码头也面临着新的发展机遇，研发木材抓斗正逢其时。如果你不干，我不干，木材装卸还是要出事故。码头的效率还要被拖后腿。只有用抓斗后，工人不下船舱，才能真正保障安全，提高码头的效率。

他想，1958年老师傅搞不成，是因为他们只有实践经验，没有理论支撑；1976年工程师没搞成，因为他虽有理论知识，但坐在办公室里没有实践经验。而自己有长处，6年装卸工，对木材装卸工艺了如指掌；做过4年的修理工，对整个机械加工情况非常清楚。他想只要自己能把全部精力扑在上面，应该是能搞成的。

有梦想就有希望，有梦想就有追求。从那时起，包起帆所思、所想，都与抓斗有关，他的脑海中时不时地蹦出一个字眼："抓斗。"他在编织自己的抓斗梦。他把自己的设想对领导说了，得到领导的支持。装卸区领导说："小包，你就试试吧。"

在当上电吊的修理工之后，他才感到自己知识的贫乏。他说，在维修中我发现自己完全不懂机械原理。他决心夯实基础，步步为营。他在初中二年级的低起点上开始了自学，补习高中课程。在当修理工3年之后，好消息传来，中断10年的高考将恢复。包起帆激动不已，立即复习温课，参加考试。他考进了上海第二工业大学，攻读起重运输专业。

上海第二工业大学在培养一线的技术人员方面素有经验，学校重视理论与实践相结合，很合包起帆的意思。在二工大读书，是半工半读，每周有三天上学，三天做工。从那时起，他起早贪黑，刻苦钻研，全身心地投入学习生活中。他科学地分配时间，不愿浪费一分一秒。一本本教科书被拆散成小本子，方便随身携带，在公交车或轮渡上，开会前，放学后，他走到哪儿学到哪儿。许多同事和朋友为他担心，你又要上班，又要读书，太累了，你能坚持多久呢？你当个工人，有没有文化一样干，何必把自己搞得那么苦呢？包起帆说："文革中我们失去了学习机会，现在有了上大学的好机会，怎么能轻易放过呢？为了能学到知识，我什么困难都能克服。"

促使他历经千辛万苦，要不顾一切地学习文化知识的动力，就是他的抓斗之梦。

工作后再读书，边工作边读书，这同过去那样的校园生活完全不同。他深感"读书"两个字好辛苦。基础差，他要花出比别人更多的时间，在课堂上他是问题最多的人。同学们都称他为"二多"："问题多，请教多"。他总是拉着老师，不停地提出各种问题，向老师请教。他攻读的起重运输机械专业，如果出一点差错，那就会酿成大事故。无论是制图作业，还是理论习题，包起帆都一丝不苟，仔细认真。每一条线，每一项计算，他要翻过来，覆过去，反复多次，搞得清清楚楚。

后来，老师同学都知道，他是在边学习，边搞发明。他拿着发明时遇到的问题，来请教老师。

学，就像一只钻头，去开掘知识的深井；问，就像一把钥匙，去开启疑团的大门。包起帆花了比别人多几倍的时间用于学习，这位初中生以优异的成绩毕业于第二工业大学。在大学的学习生活中，他两次被评为"三好学生"和"学习标兵"，他还获得亿利达首届奖学金一等奖。

学业结束回到码头，他当上了工艺科的技革员。魂牵梦萦的抓斗梦，仍然不断地在眼前涌现。他不能忘记，工友弥留之际绝望恐惧的眼神，他不能忘记血溅木材、码头的惨状。在码头边，滔滔的黄浦江水涌到码头边，又轻盈地退回去，他思量着，学成归来，如何让木材抓斗能梦想成真。

▷ 研究抓斗一丝不苟

迈出这一步真的很难。没有抓斗的资料，没有制造抓斗的经验，没有装卸大船的木材抓斗的成功先例。但是他认准的事，他一定要做下去的。

他着手研究国外的木材装卸的科技情报，他出入于图书馆、情报研究所查阅到的木材装卸资料有几十本。他仔细阅读起来，一本又一本，从头研读到尾，做的笔记就有几十万字。

有一次，他获悉一家土产公司木材堆场进了一个抓取量为1吨的随车液压木材抓斗。他如获至宝地赶到现场观摩，他又测量又画，还用报纸剪了个抓斗的样子。军工路的木材公司自制了一个木材液压抓斗，可抓两吨重。不管别人是否乐意，他又赶去察看，掏出本子，依样画了下来。回来后他反复研究，发现有疑点时，再次赶往军工路木材堆场，却发现木材抓斗已抛在一边不再用了。包起帆连忙问情况，工人说："液压不过关，不好用。""那让我来调调试试看。"对方没有同意。但包起帆却挪不开脚，围着那个抓斗，再次仔仔细细地看了一遍，比划着，在本子上记录着。

白天，他在单位画草图，晚上到家里，他继续在画，在修改，在计算。他家12平方米的斗室，堆满了图纸、画稿，一张又一张的草图，贴到了大衣柜、五斗橱和墙上。

为作出精确计算，他度过无数个不眠之夜；为寻找一个合适齿匣，他把家中唯一的机械——缝纫机的零件也拆下来分析；为获取宝贵的资料，他骑着自行车遍访上海的木材、交通、铁路等相关部门，追寻各种抓斗，反复琢磨，逐个比较，脑子里对木材抓斗的要求有了点儿谱。

这是一条布满荆棘的道路。但正因为其充满艰难险阻，才有在别处看不到的风光。他对自己说，千万不要惧怕失败，受挫一次，对成功的内涵更熟知一层；每一次的失败，意味着离成功更近了一步。

他边学习，边计算，边设计，终于把自己的构想画成图纸。他兴冲冲地请来多名工程师来审核，但是工程师们集体失语了。这确实是港口多少年来的世纪难题，世界先进国家都没有解决，包起帆能行吗？但是看到一名青年工人如此的钟情、痴迷，他们也不忍心给包起帆泼冷水。于是没有一个人表态，不说好也不说不好。

爱好文学的包起帆，想起了有位哲人说过的话："只有勇敢地向远方迈出你的步伐，你才有可能知道自己这辈子到底能干多大的事。……如果你想得到改变，就得去冒险，那些总在挑战难题的人，每天都在创造新的价值，而那些回避困难的人，永远不可能得到改变。"

对改变的期盼，对成功的渴望，扶植了包起帆的自信心，他不肯绝望，不想放弃，他是一个

▽ 与同事一起在现场讨论如何改进抓斗

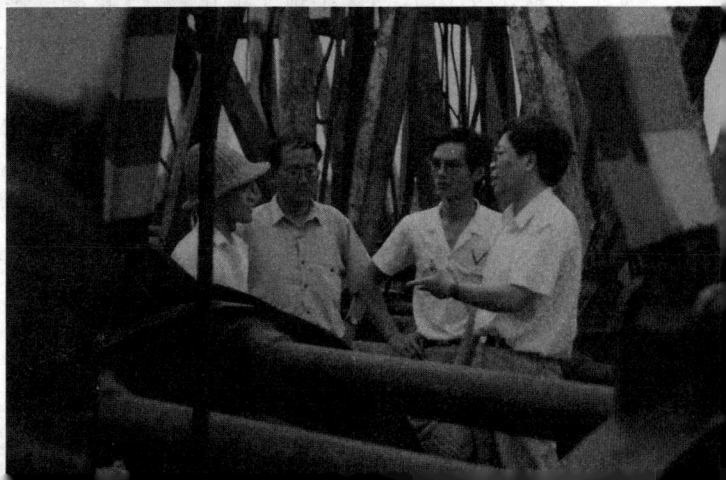

不为功利左右的追梦者。

他在上海第二工业大学的学习成果，终于厚积薄发。他在先后攻克了抓齿闭合不紧等难题后，终于感到有点眉目了。

一连好几天，他通宵达旦地画草图，做计算，做模型。许多个深夜，他都是站在车站里等末班车的那个人，有时候，等着等着，他睡着了，差点儿就错过最后那辆末班车。功夫不负有心人，他终于攻克了最后的难关，第一个10吨门机用的双索木材抓斗浮出水面。

到了要试用的日子，那是1981年10月的一天，包起帆起了个早，在雾气未消的清晨里，他深深吸了一口气，心情有些许兴奋、些许激动。他来到码头时，码头上还静悄悄的。他环顾四周，突然想到，一晃进码头已13年了，他的抓斗之梦，就要在今天见分晓。

没多久，码头上开始热闹起来。技术人员、工人，还有装卸区领导来了。抓斗被运到码头上，很多工人围着抓斗议论纷纷，大家七嘴八舌地围着包起帆问："这个抓斗到底行不行？"门机的巨臂高高升起，抓斗开始移动。首次用抓斗抓木材会遇到哪些问题？包起帆说："其实我的心里也没底，因为我也没有看到过能卸大船的木材抓斗。"在工人们炽热而期待的目光注视下，抓斗终于启动了，大抓斗张开了约3米的大嘴，伸到舱里。

初冬的日子里，包起帆紧张得连大气也不敢出，直觉得浑身冒汗，脸憋得通红，他说："当我看到门机把12米长、50厘米至60厘米粗的美国松木一大捆一大捆地抓起来了，我的心都要跳出来了。我们的木材抓斗成功了。"在场上的工人一片雀跃。

"但我们高兴得太早了。现在回头想想，一个课题要有好的开端容易，要有好的结果却很难。一个好的方案从设计到样品只不过是一百步仅仅走了二三十步，还有七八十步在后面。科技成果要转化为生产力，还有更多的工作要做。"包起帆说。

第一个抓斗首次试用，就面临棘手难题。25000 吨的大船，船身宽 24 米，船舷两边有 5 米左右宽。原来人工卸木材，是一层一层地往下卸，船舷两边的木材用钢丝绳拉出来；而抓斗只能在舱口中间从上往下抓，到了舱底后，船舷两边的木材仍互相紧压着倒不下来，形成了一个 V 字形。这时候，如果再派工人下船舱去，只要一拉，船舷两边的木头就会滚动倒下来，更容易把人砸伤。

出现这种情况，调度员也急了，他们对包起帆说："你看！小包，早就说不行不行，木材只能用人工卸，怎么能用抓斗呢？现在弄到这个地步了，进退两难，你看怎么办？"

解铃还需系铃人。包起帆想，只能由自己想

▽ 包起帆在给技革组人员演示抓斗的原理

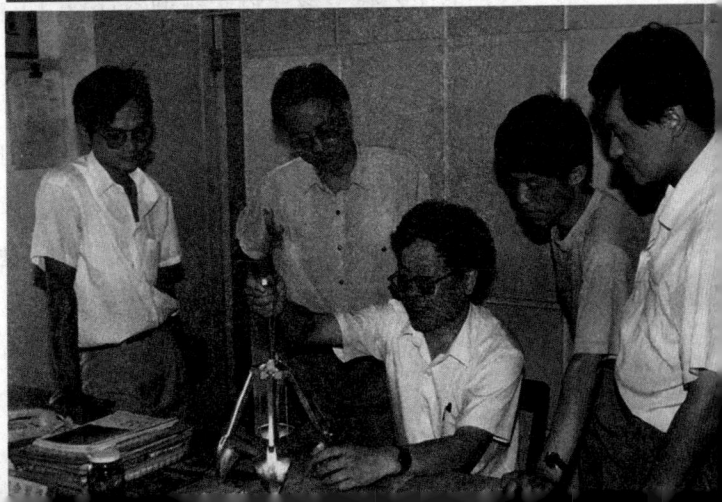

办法解决。他只好把钢丝绳圈起来套在肩上，从大船的铁锚眼里爬下去，把两边的木头用钢丝绳套起来，工人把它叫"放山头"。码头工人都知道，"放山头"是风险很大的活。在包起帆的带领下，许多粗豪磊落的师兄弟也跟着跳下舱一起拉和扛，他们用吊机把船舷两边高耸的木材往舱口中间拉，终于卸下了这些木材。

这次试用过后，许多人对抓斗不看好。有人说："如果包起帆有办法把大船里的木头全部用抓斗卸下来，我情愿从办公室爬到大门口。"他说的办公室到大门口距离有公交车一站路之远。

从开始研发抓斗起，包起帆就经常反思自问，有没有面对挫折而不气馁的勇气？有没有屡战屡败仍然坚持的意志？他自信有这种能力。他决心逆流而上，迎战困难。

下班后，包起帆走在路上，看着马路上来来往往的大小车辆分道行驶，井然有序。他突然受到启发，心想，马路上有交通规则，指挥车辆有序行驶，那么使用抓斗，也一定要有科学的工艺来保证。船舱这么宽，如果总是从中间往下面挖，肯定会挖出一个 V 字形来。如果让抓斗贴着船舷的两边往下挖，船舷两边的木头就有可能会不断地往下滚，就能消除 V 字形。包起帆把这个想法告诉经理，经理就说："好哇！以后船来了就听你的指挥吧。"

当时工艺科里参与搞实验的只有三四个人，一条船五个舱口，四个舱口用人工做，一个舱口就试用抓斗。那些日子，包起帆就在码头上指挥作业。忙起来他几天几夜不回家。在那些薄雾渐消的黎明，繁星低垂的寒夜，在往来船舶低沉的汽笛声中，他感受创新的艰辛和成功的欢欣。人累的时候就到大餐间躺一会儿，吃饭的时间到了，就请人帮忙到食堂里带些馒头来，因为他连跑去食堂吃饭的力气也没有了。

但是一项科研成果的推广，远不是解决了技术问题就可以的。当首个木材抓斗投入使用后，工人们常常将它放在一边，没有用；有的使用了，也不过是为了给包起帆一个面子。

一个能实现人、木分离，确保安全、减轻劳动强度的抓斗，为什么推广之路却走得这么艰难呢？包起帆去与工人谈心。原来一部分人心存疑虑，这个抓斗会不会也像过去有过的那几个抓斗一样，中看不中用，用用就要报废被扔掉呢？吊车司机和部分机修工也有想法。一、用了抓斗，装卸工人是省力了，但吊车司机却忙多了，而工时又不会多记，风险却增加了，用抓斗吃力不讨好；二、用抓斗时间长了，肯定会有故障，机修工人的工作量无疑要增加，工作量增加了，但报酬还是老样子，谁愿意呢？而且抓斗是个新东西，修理也难，如修不好影响工效，谁来承担责任呢？三、用抓斗，人省力了，但装卸工人工作时的待时多了，工作量少了，收入也少了。

80 年代初，改革开放已经起步，但企业管

▷ 包起帆在做木材抓斗实验

理大多还是粗放式的，"按劳分配"的原则要真正实行还是很遥远的事。包起帆面对这样的现状很伤心，但想想，工人的看法也有合理性。而工人的切身利益，受制于体制，不是包起帆能解决的。

包起帆以青春时代率真坦诚的姿态迎接这一难题。他查看了四万多张作业票，从中进行对比，说明用与不用抓斗的差别，寻找使用抓斗的理由。他登上门机，听工人的牢骚；他请装卸工人说话，谈用抓斗的好处与不足。很快，包起帆获得了第一手资料。第一台10吨门机双索木材抓斗，在88艘船的部分作业线接卸，比人力节省2444个人时（注：每个工人1小时工作量），而且使用抓斗，没有发生一起人身伤害事故。关于维修所增加的工作量，包起帆要求从自己做起，他要求技革组人员要全力支持抓斗的应用，只要抓斗在运转，技革人员就不下班，要守护抓斗正常运转。这样就有了"包起帆们"38小时坚守岗位的纪录。但是这样的疲劳战能坚持多久呢？

另一条路，就是"奏谏上书"。他给领导写信，讲述抓斗的好处，请求支持在全港推广抓斗。他的信受到了上海港务局领导的高度重视。1983年5月，上海港发文，决定在全港推广木材抓斗。

上海港务局的企业报《上海海港报》发表了评论《抓技术进步，促安全生产》。评论说，在试验阶段，由于新东西本身不完善，或操作者的技艺不熟练，或旧的习惯势力的影响，短时间内影响生产是可能的。但从长远看，以新代旧，以优代劣，必定有利于提高安全质量、发展生产。节省了劳动力，又有利于安全，不是两全其美的事吗？有了先进的机具而不去使用，仍然热衷于人工操作，不是倒退吗？包起帆也在同一期的《上海海港报》撰文，他写道：为了您家庭的幸福，请使用我的抓斗。

在领导的支持下，他更加努力地为抓斗呕心沥血。他日夜在码头现场，记录各种数据，听取装卸工的意见建议，为完善设计提供可靠依据。

为了提高抓斗的适用性，他又设计了单索木材抓斗。如何设计抓斗的全行程启闭装置，成为一个难题横卧在面前。目前的单索抓斗的启闭装置都是定点的，适合用装卸黄沙、石子、煤炭等。但是木材可不一样，不仅要抓一大捆木材，也要抓一根木材，但定点启闭装置不适应这一要求。他要把定点启闭改为任意点启闭，却怎么也不行。

1983年，他去北京参加第十届工人代表大会，会上发了一支用于记录的圆珠笔。包起帆无意

◁ 单索木材抓斗

识地将圆珠笔一揿一放，圆珠笔芯随之一伸一缩。揿着揿着，他突然眼前一亮，"有啦！"他情不自禁地喊了出来。圆珠笔伸缩原理不是可以移植到抓斗的启闭装置上去吗？他兴奋极了，连忙把圆珠笔全部拆开，一看零件并不多，但一时也琢磨不透其中的奥

△ 包起帆在搞技术革新

秘。回到上海几次三番到生产厂家丰华圆珠笔厂去请教。但是，厂家一开始很疑惑，以为是同行前来窃取技术机密。包起帆只得亮出底牌，他反复说明，自己来自上海港，因为搞抓斗才前来求教，想了解笔芯伸缩的机械原理。包起帆说："抓斗有 5000 多公斤，而圆珠笔只有几两重，根本就是两回事。而且我的革新是为了工人的安全。"厂方被他的行为感动了，厂长就把技术科长找来。技术科长一见到包起帆，就对厂长说："他要图纸，你不是说不能向外提供吗？"厂长向他介绍了情况，技术科长对包起帆说："像你这样的人，从来没有碰到过，真是个碰了钉子都不转弯的人。"下了楼，他把图纸一打开，包起帆只瞄了一眼就全弄懂了，原来笔套里有两根键。圆珠笔芯一按，揿轮转过 90 度以后，顶在键上面，就把芯顶出来了，再按一下，揿轮转过 90 度就又

缩回去了。回到家里，包起帆很快就把圆珠笔的伸缩机构变成了抓斗的新型启闭机构，一种在任意点上都可以打开和闭合的木材抓斗终于搞成了。

对此，包起帆很感慨，他说："有很多发明说穿了其实也没有什么奥秘，原来那圆珠笔套里有两根 1 毫米粗细的杆子，我当时没有注意，哪里想到那么细微的东西其实也有不可替代的作用，什么事情都一样，谁想到了前头谁就高明，谁先下手谁就是英雄。"

就这样，他设计的撬轮转轮式单索木材抓斗完成了。经过三年努力，包起帆和同事们终于搞成了木材抓斗系列。他发明了在任意作业面上都能自动启闭的全行程单索木材抓斗，设计了可变夹抱面积的抓斗齿形机构，以及卡环式木材集装箱运输工具和工艺，制定了两侧起步、分层作业的木材装卸工艺，相继推出了从 3 吨到 25 吨，有单索、双索、四索的，电动、液压、遥控的系列抓斗共 40 多个规格，木材装卸全部实现了机械化。包起帆被誉为"抓斗大王"。

系列木材抓斗投入运用后，统计数字显示，工人的劳动生产率提高了 2.67 倍，船舶周期缩短了 46%，公司一年就增加了 526 万元的收入。更可贵的是工人的安全得到了保障，此后，上海港在木材装卸中再没有发生过一次重大伤亡事故。交通部在 1984 年向全国港口推广了木材抓斗系列后，全国的沿海港口没有再发生过重大伤亡事故。而在此前的 3 年里，全国 9 个沿海港口因木材装卸死亡了 14 人，重伤 64 人。

在推广的日子里，包起帆迈开脚步，走出去，为许多单位提供技术援助。秦皇岛港听说上海港搞出了木材抓斗，三次派人前来取经，包起帆都热情接待，并提供了全套图纸。但还有一些工艺问题他们无法解决，包起帆利用在北戴河疗养的机会，特地上门指导。后来，秦皇岛港的木材装卸也全部实现了机械化。1987年底，南通港要推广木材抓斗，包起帆带着技革员、司机、操作手、修理工等一行十多人赶到那里，详细讲解，传授要点。南通港很快就配备了18个各类抓斗，货运量和装卸速度大大提高。还有深圳的光大木业有限公司、上海火柴厂、上海皮尔金顿玻璃厂、洛阳第一拖拉机厂、铁路怀化站等都在包起帆的帮助下，解决了装卸难题。在推广抓斗的几年中包起帆为全国20多个省市的250多个港口、车站、林场、工厂、矿山等提供了技术服务，协作伙伴遍布全国。

魂牵梦萦的装卸木材的抓斗之梦终于变为现实。获得成功后，包起帆又向下一个目标进发。

包起帆把目光投向了"铁老虎"。码头上装卸生铁，曾用过以电磁铁来装卸，但是有的船靠不了码头，接不上电源，不能用；而且较长时间来，电网电压不稳，频繁跳闸，一旦停电，生铁纷纷下落，安全更难保障。用人力在船上搬生铁，工人常常累得爬不上船舱，由于作业时灰尘很大，人在舱口一露脸，只见两眼还露点白，周身一片黑。一个工人在船舱搬生铁一工班大约要搬3500块，每天弯腰曲背。人因过于劳累，经常会发生砸伤自己手脚的事故。

为了从根本上改变这种状况，包起帆又开始了探索。新的难题又来了。主要是抓取生铁、不同角度、不同用力，难免会遇到抓齿合不拢抓不紧，抓斗也会打转而被卡住。

那些日子，他日思夜想，寝食不安。有一次，包起帆在路边走，看到一个摊主正在卖"纸老鼠"，只见摊主将手里的绳子一提，"纸老鼠"便会向上一跃，如绳子放松，"纸老鼠"就会在地上打转。就这样一拉一放，"纸老鼠"反复打转。包起帆联想到抓斗的链条，上前一看，知道"纸老鼠"的那根绳子是从背上拉出的。他立即买了一个"纸老鼠"回家研究。拆开一看，豁然开朗，原来打转是因为它里面的滚轮受偏心力造成的。困扰他多时的抓斗打转的问题终于迎刃而解，他找到了抓斗提升、开闭、爪点距离之间的变化规律，以新的滑块式结构代替原先的偏心结构。这就是 15 吨滑块式单索多瓣生铁抓斗问世背后的故事。用这个抓斗装卸生铁，或其他大块物料，工效提高 8.8 倍，卸船速度提高了 1.18 倍。这项成果，大大降低了工人的劳动强度，保障了工人的生命安全。

完成了生铁抓斗，使命感又推动他编织新的抓斗梦。他的目标盯上了废钢。装卸废钢和石头，一直是港口的一个老大难问题。主要是因为废钢、石头都是

△ 生铁抓斗

形状各异、大小不一的，上海港也同样。包起帆记得，那一年的夏天，来了一艘装满废钢的外轮，废钢有各种各样的，有废钢轨、废汽车壳，还有机器零件等。一些调度员上去看了，都摇头了，没有合适的工具，无法卸下来啊。外轮停在上海港一周以后，只好转到其他港口去。包起帆说："到嘴边的肉没有吃，这事刺激我！"

他又开始茶饭不思了，又痴迷起来。半夜醒来，突然灵感一来，他会立即起身，在纸上写写画画。草图又堆了一尺多高。

他时时在构思、在设计。一道障碍，一块心病，一座迷宫。他在寻找破迷宫的"金钥匙"。

看到包起帆如此的走火入魔，妻子为了让他减轻压力，硬拉着他一起去购物。一进商场包起帆的目光就被网兜吸引住了，他看到营业员正把顾客买的物品放进网兜，无论物品是什么形状，网兜都能网住不同的物品，收紧所有物品。他灵机一动，这就是串联作用！由网兜引发联想，他由此想到了抓斗的装置，上承梁和下承梁的位移。如果把下承梁分成几块，让抓斗齿瓣与上承梁在工作状态时分别产生位移，再用支持架将各个齿瓣串联组合起来，抓斗不就可以实现异步作业了吗？一个设计图在他的脑海中浮现出来，6块腭板，放在一个承梁上，然后再串联它们，这样6个腭板就可以想怎么伸就怎么伸，不就可以异

△ 异步启闭废钢块料抓斗

步作业了吗?

他立即赶回家画出了图纸。后来又按 1∶10 的比例做了一个抓斗模型。成功的光辉又一次照耀了他。10 吨异步启闭废钢块料抓斗终于研发成功。

散货装卸是用抓斗比较早的,但包起帆也发现了改进的空间。他将传统的长撑杆抓斗和剪式抓斗的优势相结合,发明了"半剪式散货抓斗",这种新颖抓斗在装卸煤炭、粮食、黄沙等散货时,可比传统的抓斗提高生产效率 30% 至 40%,已在 20 多个港口推广。

包起帆的发明成果,改变了我国港口木材、生铁、废钢等货物装卸工艺的落后状况,这些科技成果还实现了产业化,不仅在国内 20 多个行业 1000 多个企业得到广泛推广应用,还批量出口达 20 多个国家和地区,累计为国家创造 4 亿多元的经济效益。

## → 职责伦理
★★★★★

从工人到工程师、工艺科长，从搞技术到走上领导岗位，无论职位高低，无论做副手还是一把手，包起帆总是做得一样出色、出彩。包起帆说，无论在什么岗位上，都要明白自己的职责，都要勇于担当。这是包起帆的职责伦理。

1996 年 6 月，他被调到上海港龙吴港务公司当经理。依黄浦江而建的码头，主要集中在中下游，占了进江入海便利的优势。而在古老的上海港码头中比较年轻的上海港龙吴港却地处黄浦江上游。

总投资达 4 亿多元的龙吴港始建于 1987 年，这是国家"七五"计划期间的重点建设项目之一，1990 年建成开港。龙吴港是上海港岸线最长、陆域最宽广的码头，共拥有 8 个万吨级泊位、20 个 500 吨级的泊位。但是这个硬件良好的龙吴港，却一直"门庭冷落车马稀"。

从长江口航行到龙吴港需逆水航行 6 个小时。黄浦江上百舸争流，航速很慢，船公司因为担心成本太高，都不愿意到龙吴港来靠泊。那时码头常常空晒太阳，两三天都等不来一条船，一周没有船靠泊也是司空见惯的。码头没有船，空耗着一天的成本也要 30 多万元。当时，龙吴港的年吞吐量仅 200 多万吨，只是设计能力的一半左右。因为效率低，工人的工资在全港的装卸区中排名倒数。职工的积极性被消磨殆尽，普遍感到前路茫茫。包起帆要来了，工人们奔走相告，但是心存疑虑的人也不少。抓斗大王包起帆是搞技术的，搞经营行吗？

初到龙吴，包起帆思考着，作为企业领导者的核心责任就是要追求企业的效率和赢利，要找到企业的生存空间，把企业的效益搞上去，让职

▽ 1996年12月15日，中国水运史上第一条内贸标准集装箱航线在上海龙吴码头正式开通

工们生活有改善。作为领导或许可自律守俭，但不能让全体员工勒紧裤带。他认为"民之所欲，常挂在心"这是领导的职责伦理。他说："组织上把这么大的一个企业交给我，2500多名职工看着我，我怎么能双手一摊，束手无策呢？"他表示，虽然情况发生很大变化，但我们的精神面貌不能变，一样要尽责、奉献，要像搞抓斗一样搞企业。

在龙吴公司，包起帆下功夫搞调查，一个部门一个部门地了解情况，一个码头一个码头地听意见建议。掌握了第一手资料，他的思路清晰了。当他再次出现在职工面前时，他的话语掷地有声：龙吴要发展就必须要以市场为导向，大力拓展主业，努力发展三产，发展多元产业，建设与国际接轨的现代化码头。龙吴如何走出困境，只有一条路，那就是创新，要实现产业创新、机制创新、管理创新。

他提出的第一个效益战，就是发展内贸集装箱航线。

我国国际标准集装箱运输起步较晚，发展迅速。但当时，集装箱运输主要用于外贸货物运输，国内贸易仍然沿袭传统的散货和件杂货的方式来运输。包起帆想，我国有这么多沿海和内河港口，相当于欧洲港口数量的几倍，既然欧洲港口之间可以进行集装箱运输，那我们中国港口之间货物运输为什么还要"散来散去"呢？青岛啤酒到上海是散装的，上海电视机到广州去也是散装的。这些能不能用标准集装箱运输来运呢？但很多内行的人告诉他说："包起帆，这肯定是行不通的，我们中国在60年代也搞过5吨的小集装箱运输，做做就散伙了。现在你要做内贸标准集装箱，第一，货主不会接受，因为运费太高；第二，船公司也不会接受，因为没有货源，船公司风险很大；

第三，龙吴公司也没有能力做标准集装箱。"

但包起帆没有退却。他说，杂货的集装箱化和散货的专业化是码头发展的方向，中国的内需市场很大，内贸运输有条件实现集装箱运输。他的设想在全公司引起巨大反响。

他说干就干，4 次到北京，8 次到南方城市，与交通部、科技部、海关、政府、港航公司、货主、码头、装卸机械厂等协商，寻找攻关难题的途径。公司抽调了30个人去外贸集装箱码头培训，专门成立了集装箱部。资金少，设备就买二手的，用最低的价格先把公司武装起来。经过不懈的努力，克服了重重困难，解决了运输工艺、标准、管理、设备等方面的难题。

经过反复调查、比选，包起帆选定了厦门港作为合作单位。他几次到厦门，与港方、货主商

▽ 包起帆在龙吴码头

量合作事宜。他说："上海港有长江三角洲为腹地，工业基础雄厚，港航条件优越，全国各地的货物多数以上海港为转运枢纽。而厦门港是个天然良港，地理位置独特，特别是它在两岸直航和贸易中有重要作用，选择厦门港可以沟通沪厦台之间的运输联系，这对于发展内贸集装箱运输很有意义。"

许多时候，成功是一种精神状态，如果你想成为一个成功者，就应抛开心中所有的枷锁，勇往直前，排除各种困难，争取有关方面的大力支持。这是包起帆事后的体会。

经过多方努力，到1996年12月15日，中国航运史上第一条内贸集装箱运输航线在龙吴码头正式开通。上海至厦门的首条内贸标准集装箱航线的开通，给中国航运业带来了一次飞跃。

昔日冷冷清清、常常晒太阳的龙吴码头，热闹起来了。

第一条内贸标准集装箱定期航线开通后，龙吴港的内贸集装箱运输立即进入发展的快车道，龙吴港很快就根据业务发展需求，把集装箱泊位拓展为4个，每月有100多个航班靠泊在龙吴港。

1997年4月11日，国内首条南北沿海内贸集装箱快运航线也在龙吴港开通了。这条贯通南北的航线，从上海港出发，先后停靠黄埔、蛇口、厦门港。

以后，内贸集装箱航线还延伸到天津、青岛、大连、连云港、营口、日照，锦州及长江内支线（南京、镇江、扬州、南通等）和温州、泉州、宁波等几乎所有的港口，海口、防城、湛江、汕头和珠三角地区也都有内贸支线或干线停靠，形成了一条贯穿中国南北的"沿海货运绿色通道"。

内贸集装箱的迅速发展，使龙吴港的效益也明显改观。

1997 年，内贸集装箱的收入占龙吴公司的收入为 5.36%，1998 年就上升到 14.96%。2000 年内贸集装箱的收入占总收入达 40%。

在龙吴公司的推动下，全国港口的内贸标准集装箱运输也获突破性进展，到目前中国内贸集装箱运输已遍布 60 多个港口，北至大连、丹东港，西至重庆，南至湛江、防城港。到 2011 年，内贸集装箱的吞吐量已达 4000 万标准箱。

与此同时，包起帆在龙吴码头引入了现代港口物流的新理念，提出"服务在龙吴"的口号，要在龙吴营造最好的服务环境，让客户满意。充分利用龙吴的独特优势，发展多元产业。公司除了拓展装卸搬运等业务外，还大力推进现代物流业的第三方物流服务，逐步向集物流仓储粗加工为一体的方向发展。

公司成立了一个揽货队，包起帆亲自带队遍访上海各区县及华东、华南、华北等地，了解货源情况，详细介绍龙吴港的条件，吸引货源到龙吴，当年龙吴就与货主签订货源协议 34 份，货源达 100 多万吨。

新加坡复发中记有限公司在山东龙口设有冷藏库。1997 年初，为了促进与新加坡的合作项目，包起帆冒着风雪前去考察。当时因北方天寒地冻，烟台的航班延误了七八个小时，到烟台已是深夜，烟台到龙口还有 200 多公里，但为了抓紧时间，包起帆不顾当天零下 14℃的严寒，道路积雪 1 尺厚的恶劣天气，硬是在凌晨赶到，与新加坡总裁洽谈。新加坡总裁被他的踏实苦干、雷厉风行的作风所感动。这一年，另一件事更使这位总裁感动。1997 年的冬天，他把 23 万箱进口香蕉卸到龙吴码头上。由于到港集中，一时销售不了，货物只能滞留在码头上。可是突然一股强冷空气南下，气温急剧下降，如冷空气侵袭香蕉，这批冻伤的香蕉就全部卖不出去了。新加坡的这位"水果大王"急得团团转，一时手足无措，唯一的办法是保暖。没人动员，没人压指标，闻此消息的职工纷纷把自家的被子、毛毯拿到码头上，有的还特地去买了新被子送到码头，员工们送来了棉被 1116 条，盖在香蕉箱子上，把 23 万箱香蕉捂得严严实实，风吹不进，雨淋不到。强冷空气过去后，打开箱子，所有香蕉安然无恙。新加坡复发中记公司的总裁感动不已。他说与这样的企业合作，真是太好了！不久，他就投资 150 万美元，在龙吴公司建立了冷库，这家公司的所有水果船全部靠龙吴港码头。

闻名遐迩的上海龙吴进口果蔬交易市场，是包起帆与另一位全国劳模康祖建共同组建的。当时，国内每年进口的水果约 150 万吨，上海本地的销售也有 60 万吨上下。但上海却没有一个进口水果的交易市场。上海市场上的进口水果都是从外省市批发来的，层层加价后，水果的价格就很高了。

多年经营水果、蔬菜的康祖建一直想在上海建一个果蔬交易市场，却一直没有找到合适的地方。在 2000 年的那一次五一节前的全国劳模表彰会上，他与包起帆相遇了，两人一谈，一拍即合。从北京回来后，康祖建立即来龙吴港考察，地理位置、海关、商检、动植物检及配套设施，一切条件都具备，当年 8

月18日上海龙吴进口果蔬交易市场就挂牌了。

　　这个交易市场利用龙吴码头陆域宽阔、水陆交通便利等优势,形成进口果蔬的集散地。美国、加拿大、新加坡、南非、智利、香港等百余家中外客商进驻这里,开展公平、公正、安全的交易,为上海及华东、长江流域的消费者提供新鲜优质的果蔬产品。因为由劳模包起帆和康祖建创建的品牌,后继的经营者都十分珍惜品牌信誉,至今,这个交易市场被市民称为上海信誉最好、最有公信力的市场。

△ 与龙吴公司班长成员一起展望勾画公司发展的美好蓝图

企业的效益不断提升后，包起帆的目光更远了。他认为，公司要搞好，要有全方位思维、务实创新、良好管理、完善灵活的机制和制度。企业不仅要有出色可靠和富有经验的管理层，还要有勤奋负责和忠诚服务的员工，要建立起管理层和员工之间彼此信任和尊重的企业文化。

每次开会，包起帆总是讲企业的发展前景、增值能力以及未来的规划等，职工的积极性和凝聚力日益增强。在龙吴，经常可以听到工人之间的互相鼓励："好好干，跟着包经理努力干，一定会有奔头的。"

龙吴公司还和中粮、青岛啤酒、台湾嘉新水泥、澳大利亚加登·斯密司等大公司一起，组建了十多个合资合作企业，为他们提供现代物流服务。这样整个码头就活起来了，龙吴码头的年吞吐量从原先的 250 万吨增加到 2200 万吨，效益也显著提高，职工的收入也翻了一番。

主业拓展后，包起帆又着手调整三产。龙吴公司下面有个汽车运输队，汽车队 14 名工人，有 16 辆车。这些车大都租赁给客户，变得破烂不堪。这个车队长期亏损，当包起帆在车队作调研时，一看账，车队 10 个月就亏了 29 万元。为此，包起帆与公司领导经过研究达成共识，车队要改变现有的机制。经过筹备，车队将改成股份制企业。当时，工人对改革方案疑虑很多，这条路没有走过，万一失败怎么办? 公司成立了转制领导小组和工作小组，深入车队做工作。包起帆多次与职工座谈，消除职工的顾虑。1997 年 11 月，上海港龙吴汽车运输合作公司成立，这是上海港的首家规范化股份制企业。这家股份制企业由工人持股 51%。改制后，企业的面貌发生了翻天覆地的变化，企业完善责任制，职工对车辆爱护备至，出车前检查，收工后保养；职工为经营出主意，走出去找市场，半年时间，企业就扭亏为盈。经过两年的努力，汽运公司的年营业收入从153万元增加至320万元，固定资产比原注册资本增加199.2%，过去的每年亏几十万元，现在能每年盈利20多万元。职工的收入翻了一番，到年底每人还分到股金20%的红利。

汽车队转制成功，让职工看到希望，有了信心。1998年5月，龙吴公司的第二家股份制公司成立。公司名叫振奋工程技术合作公司，职工持股占总股本的90%。公司成立后职工的积极性确实是振奋了。过去上班泡杯茶，聊聊天，很快一天过去了。而现在大家职责明确，各忙各的。职工们通过各种渠道找市场，跑业务，当年就有了250万元的产值，其中100万是职工自己跑出来的。

以后，龙吴公司的三产全部实行股份制，7个三产实体公司全部独立核算，自负盈亏，安置了富余工人474人。

浦东杨浦大桥下面有个洋泾港，当时的生产效率也不高。1999年上海港务局将洋泾港划归了龙吴公司。为了适应国有企业的资产重组，发展优势产业的需要，包起帆决定把这个码头改为集装箱码头。

当时实行重组后的中海集团正加快改革的步伐，包起帆与中海集团洽谈后双方一拍即合，决定各投资 50%，把洋泾港改造为集装箱码头。这是上海港的第一个港航合资经营码头。港航合资经营的这个码头，为龙吴港的内贸集装箱航线的发展注入了新的活力。

　　短短五年，龙吴公司发生了巨变，企业的生产和经营蒸蒸日上，龙吴职工的工作条件和收入也得到明显改善。拿工人们的话来说，过去只能喝粥，现在大鱼大肉也吃不完了。2001 年 7 月，包起帆被任命为上海港务局副局长，在告别的时候，包起帆与龙吴职工都有些恋恋不舍。面对与自己朝夕相处五个春秋的同事工友，包起帆百感交集。一向话语琅琅的包起帆，这时说话声却低沉喃喃。他动情地说："感谢每一位支持帮助我的龙吴人。"他停顿了一下说："现在应该高兴才是，龙吴已发生了巨大变化，五年中龙吴已积攒了较强的经济实力，龙吴员工饿不着了。龙吴有我五年的心血和汗水，我的龙吴有我的情，龙吴记忆永留我心，不会忘怀。今后，龙吴职工无论有什么事，大事小事，公事私事，如果有用得着我包起帆的地方，都可以来找我。我的手机是 24 小时开着的。我一定会像以前一样，热爱龙吴，关心龙吴。"很多年以后，龙吴职工谈起包起帆仍然充满感情：抓斗大王包起帆不仅搞技术是好手，做企业领导也让人口服心服，他是一个与职工心贴心的当家人啊！

# → 激情外滩

★★★★★

2001 年，上海市政府出台了上海新的城市总体规划，决定综合开发黄浦江两岸。党中央、国务院批准了上海的这个城市总体规划，明确上海要建成社会主义的现代化国际大都市、建成国际经济、金融贸易和航运中心。特别要加快国际金融中心和国际航运中心的建设。

包起帆预感，上海港将面临巨大的变革。

绵延百里的黄浦江，在 19 世纪就依江而建了一个个码头。但是这些古老的码头逐渐显现与经济发展不协调的情况。码头陆域狭小，水深不足，不适应船舶大型化的要求。码头的粉尘、噪声、重载车穿行等，都对市民生活带来干扰。

不久，为配合上海的城市总体规划，上海港务局根据市政府的规划，提出全面调整黄浦江沿线老港区的构想，杨浦大桥至南浦大桥长 8.7 公里的区域，沿江的 64 座码头将搬迁，它们承担的煤炭、矿石、建材等装卸功能将交给长江口新港区。两桥之间沿江的成熟地块要加大开发力度，使老码头经历脱胎换骨的变化，高阳路将建成上海港国际客运中心及高档的商住、商业、娱乐场所，东昌、汇山港区、南栈、老白渡港区要分头推进功能转换和综合利用，要开发高档办公楼、景观住宅等。历史悠久的十六铺码头，将卸去原先的江海中长途的客运功能，建成浦江的游船码头等。

2001 年 7 月，包起帆被任命为上海港务局副局长后，令他没有想到的是，他首先担纲的就是黄浦江两桥之间的老港区改造开发。改造开发两桥间的老港区，这项改造是前所未有的。

从过去与吊机、船舶打交道，从此转身主要与土地转让和房产项目打交道，包起帆面临的压力和挑战是很大的。他说，感觉是如履薄冰。老港区改造的成功与否，关系到上海城市形象和上海城市功能的发展。摆在他面前有两大难题：一、两桥之间，长 8.7 公里共 185 万平方米的"黄金地块"如何按照百年大计的要求，打造成经得起历史检验的"世纪精品"，这是上海市民在进入新世纪后的千年之梦。上要对得起对他委以重任的各级领导，下要对得起平民百姓，要给上海留下精彩的新外滩。二、码头搬迁，产业结构调整后，上海港的 18000 名职工要离岗，如何妥善安置这近万名职工是关系民生的大问题。

在担负起这一任务后，他一次次地来到黄浦江畔，来到老码头。

浦江两岸灯光璀璨，如幻如影。拔地而起的地标式建筑直入云霄，浦东的具有现代元素的高楼与浦西富有历史底蕴的万国建筑群隔江瞩望。海关大钟又响起来，音韵嘹亮的音波在空中渐次消逝，它标志着时间和空间的意象。时钟在召唤，生活之流在奔腾。滔滔的黄浦江水，昼夜不息地向东流去。黄浦江见证了上海的过去和今天。城以港兴，港以城荣。上海是先有港后有城。最早于唐末宋初，在现在的松江和青浦境内，出现了最古老的两大港——华亭、青龙。南宋末年，上海港已是"人烟浩穰，海舶辐辏"，此时始有"上海镇"。上海自 1843 年辟为通商口岸以来，黄浦江两岸相继开发建设，码头、仓库鳞次栉比，上海得力于航运业的发展，成为远东第一大城市。外国航运公司纷纷开辟到上海的航线。

　　曾经有过辉煌的上海港现在面临着改变，为此，包起帆的心情也很复杂，有眷恋，也有期待。

　　来到码头，望着那高高耸立的吊机，曾经繁忙现在却冷落的码头，包起帆百感交集。这是他工作过 30 多年的地方，如今 64 个码头将搬迁。黄浦江码头承载着上海的一个半多世纪的记忆，历经了 160 多年的风霜雨雪、兴衰荣辱。从进入新世纪后，将有翻天覆地的变化。

　　十六铺码头要停航了，当最后一个轮船的航班驶离码头时，包起帆来向码头告别。百余年来，十六铺码头与上海城市发展息息相关。这里曾是各地商贾"闯"上海滩的第一站，当年曾是千帆竞泊、商贾云集的一派繁忙景象。1982 年，十六铺码头经过改造，建成了全国最大的水上客运枢纽。繁荣时，十六铺客运码头有航线 30 多条，日发送旅客达 4 万多人，年发送旅客 670 万人次。随着历史的沉浮，十六铺见证了上海从一个小渔村到繁华大都市的发展过程。而现在十六铺老码头要退出历史，几年后，这里将建成集旅游、休闲、商业、娱乐为一体的新景点。

前来向十六铺告别的有许多人，有踽踽而行的老者、携手同来的夫妻，有脸色黝黑的工人、家住附近的居民。他们向渐行渐远的轮船挥手致意，还有不少人在此留影。

码头一个接一个地停运、关闭。装卸工出身的包起帆对一些下岗工人的心情感同身受，安置 18000 名职工的事，提到议事日程上。他说："这些码头工人都曾经为上海港和上海的城市发展作出重要贡献，他们把码头看做他们生命的一部分，现在码头要离他们而去，从感情上讲，肯定是恋恋不舍的。但是，他们为了上海港区的改造开发，为了上海的城市发展，能明大义，顾大局，牺牲一己的利益，他们是好样的。因此，我们不能无视他们的实际困难，不能亏待他们。18000 名下岗工人，关系 18000 个家庭的幸福和安宁。从告别十六铺码头后，包起帆就组织人员对下岗工人的情况进行排摸，经过了解发现，下岗工人的情况，比原先预计的更为严重。如何妥善地安置他们，是一个回避不了的问题。我从接受了上海港的改造开发项目后，就已经决定，不能让一个工人生活无着落，这也是上海港领导对我们的要求。"通过召开座谈会、办公会、职代会，听取各方面的意见，形成了解决方案。一是根据不同年龄层次、技术能力，尽最大可能安排职工重新上岗；二是转行搞物业管理、房产维修；三、部分年龄偏大、身体不好的，在自愿的原则下安排内部退休或离职，公司给予补偿。三条措施推出后，达到了稳定过渡的目标。

码头搬迁工作在进行时，一个现代化的建设规划也在筹划中。包起帆在一个全新领域扬帆起航，就像当年搞抓斗那样刻苦钻研，满怀

▽ 新建的上海港国际客运中心码头外景

激情地去做。他的办公室,柜子摆着一排文件夹,上面分别标着十六铺地块、国际客运中心、东昌地块等。他阅读建筑和房地产专业的书, 查阅相关的法律条款;他请专家到一个个地块考察,请他们各抒己见,从市场需求、消费能力、土地供应量、未来前景等方面提出建议和意见;他参与一轮又一轮的谈判;他主持招投标。包起帆一刻也不得闲。他说, 手中有这么多这么好的滨江地块,就像是捧着一盘珍珠,一定要把珍珠擦亮,让这些地块在上海成为世纪性标志,熠熠闪光,为城市增色,为人民造福。包起帆动情地说:"给我三五年,我相信自己可以为外滩留下精彩的一笔。"

高阳路地块要建成上海港国际客运中心。包起帆说,那将是新世纪最为亮丽的标志性建筑,他无数次地在脑海里模拟过一滴水造型的国际客运中心与对岸的金茂大厦、东方明珠交相辉映的美景。虽然,这个规划几年前就开始酝酿,设计方案也已确定,但包起帆仍然为它将能在自己手中变为现实而激动不已。经过几年的努力,到2008 年 8 月,上海国际客运中心正式建成。国际客运中心东起高阳路、西至虹口港、北沿东大名路、南到黄浦江边,拥有 880 米长的黄金沿江岸线,毗邻两条上海地铁线,并与东方明珠电视塔隔江相望。上海港国际客运中心是一个集邮轮码头和商业办公为一体的综合商务项目，上海港国际客运中心总建筑面积为40.85万平方米，包括国际客运码头、国际航运服务中心、港务大楼、写字楼以及艺术画廊、音乐文化中心等相关建筑和设施。其国际客运码头面积约2万平方米，水深9.13米，可以同时停靠3艘豪华邮轮，码头年通过能力达到100万人次。主要设施布置在一个近5万平方米的绿地下面，而地上部分则为一个"飘浮"在绿化带上的不规则玻璃球体，在提供客运服务的同时，上海港国际客运中心也成为黄浦江边又一地标性建筑。目前，现代建筑群正在崛起，商业、娱乐功能正在逐步完善。

十六铺码头被称为风水宝地，这里曾有浦江最古老的码头。十六铺的开发，要与欧陆风格

▽ 新十六铺码头

的外滩相连，也要与上海老城厢城隍庙相呼应，与现代风格的陆家嘴金融贸易区遥遥相对。包起帆与区政府有关部门商定，挑选了美国SOM和C3 Gensler及澳大利亚Bovis三家公司作设计公司。这里将成为世界级的滨水胜地。

十六铺新建的滨江码头是水上巴士和浦江游览船出发和停靠的泊地。滨江码头的生态化建筑，设计了动感十足的外形，风帆状的屋顶，让人产生随风摇曳的感受，游人可以在大道上悠闲散步，欣赏外滩迷人的风光，十分惬意。

洲际集团已在十六铺建立了亚太区的首家英迪格酒店，浓郁的码头文化为其注入了鲜明的本地元素。一进门，迎接客人的是巨幅城隍庙街景画，画前停放着一辆漆成亮黄色的永久自行车，让人觉得既熟悉又陌生；紧接着，以木板雕琢的流线型墙面犹如黄浦江的滔滔江水，直奔前台；大堂中央的大型陈设以船只烟囱为造型，紧扣十六铺码头的主题；沿着旧时码头的老式街灯前行，映入眼帘的是船身断片作为雕饰嵌入墙壁，展示码头文化，赋予这个昔日远东最大码头以崭新的城市人文记忆。

黄浦江两岸，昔日上海人记忆中的老码头汇山、东昌、新华、民生、南浦、北票、张家浜、老白渡、北栈、中栈、南栈等也逐步退出人们的视野，代之而起是现代建筑群，有居民住宅楼、商住楼、金融、主题公园、公共绿地、博览、商业、旅游、娱乐设施等。古老而现代交相辉映的新外滩成为都市人休闲、娱乐、旅游、购物的好去处。

# 目标："人无我有，人有我独"

## → 追梦超越

★★★★★

　　包起帆几乎年年有发明，岁岁有成果。许多人说，包起帆无需再拼搏也已光彩照人了，可以歇息了。但包起帆，他的目标始终是下一个，他是一个追梦的人，他的目标是超越一流。

　　上世纪 90 年代中期，党中央和国务院作出重大决策，要将上海建成国际航运中心，其核心就是要把上海港建成国际集装箱枢纽港。包起帆想，进入新世纪后，上海港面临更加严峻的挑战，随着世界经济的全球化浪潮，集装箱运输获得持续的高速发展，各国不仅在提升港口能力上展开竞争，港口的管理、工艺、技术也成为世界竞技场。上海港作为世界大港，如何从机械化向数字化、智能化、自动化迈进，是一个关系港口发展及未来、加快建设上海国际航运中心的重要课题。包起帆把目标定位在高科技创新上。

上海是我国对外开放的重要口岸，这些年来虽然码头建设加快了步伐，但码头的装卸能力仍然与外贸业的高速发展存在差距，上海港码头的吞吐量在连年持续攀升后，要依靠高科技创新提高效率，从管理上挖潜。

包起帆查阅了大量的资料，国际大港新加坡、鹿特丹、汉堡、香港等港口在上世纪 90 年代已实现了集装箱作业的计算机管理，不断地提高自动化水平。近年来国内有些港口也开始引进国际先进的计算机管理，但存在引进费用昂贵、系统维护复杂、实现本地化周期长等问题，上海港作为世界集装箱运输大港，装卸工艺、生产管理、设备管理、信息服务等已成为发展的瓶颈。

从 2002 年开始由包起帆领衔，上海港联合上海海事大学开展了"上海港集装箱智能化生产管理系统"的探索，推动上海港向数字化、智能化、自动化迈进。

多少年来，码头的装卸都是先卸空了，然后再装货。包起帆在当装卸工时就在想能不能边装边卸，这样可以更好地发挥码头设施效率。但是这一办法实行起来很难，主要是卸货和装货有不同的工艺流程，要合二而一，操作要非常精确，不然就会把进港货和出港货弄混了，后果不堪设想；装货和卸货数量常不一样，作业不同步；进出港的货都要经海关、商检、理货等相关部门的认同，协调很困难。包起帆和项目组的同事们经过反复研究，研发了一套"集装箱同倍位装卸系统"，在计算机智能化系统的管理下，改革了原先卸完再装的老办法，实现了边装边卸，装卸效率翻了一番。仅外高桥一期码头当年就取得了经济效益 1.78 亿元。

运载集装箱的卡车，空驶率高是一个难题。过去，卸船时卡车要从堆场空车驶到码头，从码头装上箱子运到堆场，卸下后又空车驶往码头。装船时，情况相同，有50%的时间在空驶。包起帆和他的团队研发了一种"智能模糊推理技术"，并自主开发了集卡全场智能调控软件，根据不同作业重要性、路程远近、等候时间等因素，按智能化模糊计算结果，自动给集卡发布动态调配指令，从而降低了集卡的空驶率，也改变了包括平板车、叉车等在内的所有水平运输机械忙闲不均的情况。

这些新的工艺系统经过集成融合，一个完整的集装箱智能化生产系统诞生了。上海港务集团公司下的外高桥一期码头采用了这项集装箱智能化装卸工艺，除了用于集卡的调度，还运用于码头堆场的生产管理上，通过具有模糊智能特征的计算机系统支持，将码头上所有的桥吊、卡车、龙门吊集中起来，实现计算机全场自动调度，极大地提升了上海港集装箱码头的作业效率。外高桥一期码头采用了这项技术后，码头岸线没有改变，设备投入没有增加，操作人员减少的情况下，集装箱码头每台桥吊的作业效率达到每小时35个标准箱，大约为4年前的2倍；外来集装箱卡车在港的平均时间只有16分钟，比4年前减少一半，原先码头的每米年吞吐量为1342个标准箱，现在增加到2311个标准箱。

有了集装箱智能化生产管理系统后，包起帆

又与振华港机公司、上海交通大学合作，在外高桥二期码头建了首个集装箱自动化堆场。这是世界港口处在前沿的技术。世界上第一个集装箱自动化堆场是在 1993 年建于荷兰鹿特丹港，到 2002 年，德国汉堡港也建成了一个集装箱自动化堆场。包起帆对两个自动化堆场的情况作了一番分析后发现，码头上的龙门吊无法识别规格不一的集装箱卡车。国际上的自动化堆场，在这一环节都要用人工操作。这是一个世界难题。包

▽ 和院士们在探讨自动化堆场

目标："人无我有，人有我新"

起帆想，要做就要做世界一流。

他与他的科研组成员，一次次地去码头观察龙门吊运作的每个环节，然后研究攻克难关的方式。经过一次次攻关，一次次试验，在2005年7月他们创新出"高低架轨道龙门吊和缓冲区相结合的接力式堆场装卸工艺系统"，历经一年的艰辛，他们进行一次次完善和修正，将基于光电技术的目标定位和精确图像处理的纠偏技术运用到其中，并把GPS定位数据和无线网络技术及数据库技术，集成应用于集装箱大型机械设备的远程实时监控和时效预警。

2006年4月23日在外高桥二期码头，人们目睹了这个集装箱自动化堆场的一气呵成的试验性运营。

一辆集装箱卡车驶到外高桥二期码头道口，道口的识别系统立即将有关信息传输到2公里外的码头作业中央控制室，数字化智能堆场做数据管理系统立即将指定的卸箱信息打印出来，司机接到单子后即按照单子所示地址，把车开到目的地停下，一架高17米的无人驾驶轨道式龙门吊立即开过来，将集卡上的集装箱抓起，平移卸在中转平台上；随即，一架高34米的无人驾驶龙门吊开过来，迅速将集装箱吊起，准确地堆放在指定位置上。上海港向世界宣告第一个集装箱自动化堆场建成。

自动化堆场不仅能减人增效，还能提高堆场的利用率。高架龙门吊能将8个集装箱垂直堆起，第9个集装箱可从8个箱上一跃而过，港口业内把这称为堆8过9，而以往堆场上只能堆4过5。这是因为有了光电技术的目标定位和精确的图像处理的纠偏技术，才实现了龙门吊对集装箱的自动精确定位，8个高的集装箱上下误差不到5毫米。

2006 年 10 月，上海市科委组织专家来鉴定，专家们指出这个自动化堆场有多项创新点：高低龙门吊的接力装卸工艺为世界首创；装卸作业与堆场作业分开，集卡不必进堆场，提高安全性和码头效率；堆 8 过 9，堆场效率达国际大港的水平；双 40 英尺双小车轨道龙门吊、集卡全自动定位落箱都是首创。

　　在码头管理走向智能化之后，码头建设也向集成和创新发展。在负责外高桥码头建设时，包起帆和同事们把创新引入建设过程。建设外高桥四期、五期工程耗资达 47 亿元，项目节约 1% 就是 4700 万元，节约 10% 就是 4.7 亿。包起帆决定要闯一闯。

　　包起帆联合了北京中国交通水规院开展了"外高桥集装箱码头建设集成创新技术"的研究。为了节约投资，采用虚拟技术建立集装箱码头仿真模型，也就是在码头没有建设前，先在计算机里面建个码头，以此来优化码头结构；为了使码头工艺更加科学合理，提出新型的现代集装箱港区功能模块横断面布置模式；为了提高装卸效率，把双 40 英尺集装箱桥吊等港机新装备应用到码头中去。创新技术结出了硕果，建成后合资投产仅一年的外四期码头就因为成功营运，被世界航运界的巨头——马士基集团评为"最具活力的码头"。外高桥五期这样的码头，一般需要三到四年才能建成，最后他们仅用了一年半就建成了。创新为上海港成为世界集装箱第一大港提供了技术支撑，外高桥的四期、五期码头节省了投资7.7亿元。

外高桥的六期码头建设，再次凸显创新在港口建设中的重要作用。外高桥六期码头位于长江口南岸五号沟地区，北与外高桥五期码头相连接。东南与上海长江隧道相邻，工程的岸线长1538米，将建成3座可停靠15万吨级船舶的集装箱码头，4座5000至5万吨级的汽车滚装泊位，陆域面积达181.9万平方米。总投资为47.91亿元的外高桥六期工程，设计年吞吐量为210万标准箱和73万辆汽车。

外高桥六期的最大亮点，引入现代物流业的理念，充分体现上海港创新驱动，转型发展的努力。随着汽车工业和汽车消费市场的发展，汽车运输成为上海港的主要业务。为此包起帆在外高桥六期的汽车滚装码头的设计和建设中，采用了世界先进技术，外高桥六期是我国第一个最具规模的专业化汽车滚装码头和汽车物流港区。这里拥有内外贸轿车区等多个汽车物流平台，汽车制造商、零部件供应商、汽车供应商、汽车用户等都能以港口为平台，享受现代物流的全程服务,实现汽车分拨、零部件配送、一站式增值服务、汽车维修管理等功能为一体。用无线实时反馈技术、堆存模拟优化技术实现管控一体化，成为我国规模最大的汽车物流港区和亚洲最大汽车物流立体库。业内专家称，这一工程对汽车码头的改造和新建有示范效应，并推动了汽车物流业的发展。

## ➡ 神奇标签

★★★★★

一个小小的匣子，不起眼地挂在集装箱的门闩上，于是有关集装箱在运输过程中的全部信息包括货物名称、件数、重量、起运港、途经港、目的港、船公司、货主等，就能自动地记录在小匣子的芯片中，并上传至互联网，船公司、货主、港口、海关、商检等，都可以实时查询集装箱动态。这一电子标签项目被法国巴黎的国际发明展的评委称：这引发了一场改变人类运输方式的革命。

集装箱运输高效、便捷，但安全性也引起了港口和航运界的高度关注。现代集装箱物流迫切需要一种能实时记录箱、货、流信息，自动记录开关箱的时间和地理位置，可对未授权的操作进行实时报警，并对不安全事件进行跟踪追溯的智能化电子标签系统。

在超市包起帆看到，收银员用手提扫描仪刷条形码就能了解商品信息，并快速结账，这触发了他想在集装箱上安装电子标签的想法。有一年，当他在邮寄月饼给在澳大利亚留学的儿子时，他想了解月饼什么时候能到，月饼在运输过程中会不会变质……更产生了一种想开发一个能随时了解货物在途中状况的系统。

当时，欧美有的国家也在研究这项技术，并获得较好的实验效果。但是因为价格昂贵，还没有推广使用。

在包起帆带领下，历时4年，科研技术人员先后解决了各项电子技术的融合、成本问题等困难，一种符合要求的电子标签系统开发完成。在交通部的支持下，上海港决定与烟台港、南青船务公司率先合作，开通电子标签集装箱航线。2005年12月，课题组的技术人员前去烟台做筹备工作。那时正逢烟台遭遇50年不遇的暴风雪。烟台的积雪1米多厚，滴水成冰，工作环境十分恶劣，许多人摔伤了。包起帆当时正发高烧39.4℃，他平时很少看电视，在病房里，看到烟台严寒的电视报道后，心急如焚，担心此次试验因为这天灾而夭折。他顾不得医生的劝阻，不顾患病在身，拔掉输液管，脱去病号服，连家也不回从医院直奔机场，立即赶往烟台。当包起帆身披雪花、脚踩积雪，出现在课题组人员面前时，大家都惊呆了，包总在这么冷的天还会专程赶来，大家深受鼓舞，士气高涨，试验终于没有受到大雪的影响而顺利展开。2006年1月12日，上海至烟台电子标签集装箱航线投入运营，系统运行正常。

2008年3月10日，"中海宁波"轮从上海港

▽ 2008年3月，中美首条集装箱电子标签国际航线开通仪式

驶往美国萨瓦纳港，开始了全球第一条集装箱电子标签国际航线的商业运营。此后，加拿大、日本、俄罗斯、马来西亚、印度尼西亚等国的生产商、物流商、货主，主动找到上海港，要求开通集装箱电子标签航线。

现在，只要在集装箱上安上电子标签，集装箱经过码头道口、进场、装船、到港、卸船、离港，固定的读写器都能读取最新数据，并在第一时间传输到服务器和网站。包起帆和他的科研团队还开发了"中国集装箱电子标签系统"专用网站，只要在查询页面中输入箱号，有关这个箱子的所有信息，包括箱子的货重、船名、航次、箱型、出场时间、卸船时间、温度、湿度等，船公司、货主、港口、海关、商检、监管等部门都可以在网上了解集装箱的实时动态信息。如果在运输过程中箱子被非授权打开，电子标签能自动记录此次侵扰，并显示红色警报信号。这一电子标签航线投入运营后，确保了运输安全，在世界各大港口成为最受欢迎的航线，享受"绿色通道"的便利，免除一系列查验手续，航运企业的运营成本大大降低。现在中美国际集装箱电子标签航线已完成了 6400 标准箱的运输任务。"中加"、"中日"电子标签航线也已开通运营。

集装箱标签成为世界航运业的一把可靠的"电子锁"。2008 年 1 月，日本发生了因为消费者食用了中国生产的饺子而中毒的事件。这件事在日本社会闹得沸沸扬扬。如果这件事不查清楚，那中国厂家的食品信誉就将受到严重损害。中日双方共同对饺子的加工贮存过程进行调查，确认生产厂家中国天洋食品厂不存在安全问题。也就是，在取料配料的时候不会有农药进入。那么，农药是什么时候掺入的呢？《东洋经济》周刊报道，

△ 包起帆与国际标准化组织专家讨论集装箱电子标签国际标准

日本食品专家提出，会不会在运输过程中产生漏洞呢? 这位专家说，确保食品安全，不仅需要对生产过程进行科学管理，更需要对物流过程进行有效监控。

此时，集装箱电子标签显示了作用。通过无线局域网、手机网络和互联网查询，所有查询结果表明，运送饺子的集装箱从工厂至码头，装上船，再运到日本码头，最后从船上卸下，到堆场，整个过程，没有人动过箱子。中国的运输过程也没有问题。此后，日本方面再作详细调查，问题出在日本，与中国无关。厂家、船公司、码头等全部放下心。

小小电子标签解决了大问题。

在此基础上，包起帆和他的团队着手制定电子标签的国家标准，并进而探索制定集装箱电子标签国际标准。

国际标准化组织是一个非常严密的机构，制定一项国际标准又有相当复杂的程序和要求。更为重要的是，每一个国际标准制定委员会中都有一大批这一领域的资深专家，代表着各自的利益，在讨论时各方力量相互制衡。这对从未在交通运输领域制定过国际标准的中国来说，如过重重关口。

△ 2008年6月美国萨瓦纳港举行集装箱电子标签国际航线推介仪式

2008 年 6 月，由上海港起草的提案，经国家标准化管理委员会审查后代表中国提交至国际标准化组织。按照规定，制定国际标准需要有国际标准制定委员会的一半成员国同意，并有五个以上国家愿意共同参与标准制定。到当年 9 月投票结果揭晓时，一半以上的国家同意中国提案，但只有两个国家愿意共同参与。第一次提案没有成功。

2009 年 2 月，经过补充和修订，中国又提交了新的提案。这一次，国际标准化组织重新开启了"投票窗口"，要求全体成员对中国的新提案进行为期三个月的投票。当年 5 月 10 日，投票结果公布，包括中国、法国、德国、俄罗斯、英国、丹麦等在内的 14 个国家同意该提案，其中法国、德国、美国等 8 个国家还表示愿意与中国一起参与标准的制定。5 月 27 日至 29 日，在法国巴黎召开的第 17 次工作组会议上，中国提出的国际标准提案获得通过，会议同时任命包起帆负责该标准的起草工作。6 月初，ISO 秘书处又传来信息，新标准草案的国际编号为 ISO/NP 18186。这项标准经过汉堡、巴黎、上海、华盛顿、圣地亚哥共 5 次会议的交锋和交融。交锋就是摆事实讲道理，把中国人创新成果摆在外国专家面前，面对他们的种种疑虑和责难不松口，把重大的关键技术坚持到底；交融就是使国际标准成

071

目标："人无我有，人有我独"

为世界各国形成共识的标准，吸纳外国专家的很多好的意见和建议，取人之长，补己之短，融会贯通。就是这样，经过国际标准规定的8个程序，通过不懈努力，ISO 18186 于 2011 年 12 月 1 日正式发布。

　　传统的国际标准制定过程十分漫长，一个国际标准从新提案提出到标准发布，一般需要 3 年至 6 年。这一次，中国电子标签仅用了 3 个月就成为国际规范，1 年后就成为正式的国际标准。看到这一结果，美国 Transcore 公司副总裁夏耐柯先生惊叹道：这样的速度在国际标准化组织程序中几乎不可能，中国专家的智慧太了不起了！

　　这是物流、物联网领域第一个由中国专家发起并主导的国际标准，是中国拥有自主知识产权的创新成果最终上升为国际标准的成功探索。这一成果对于加快建设国际航运中心，增强上海港的核心竞争力具有重要意义。

　　包起帆十分感慨，他说，越是困难重重，越是几经磨难，收获的果实才更甜美。我们中国人一定要有勇立潮头、敢为人先的开创精神，要敢于走前人没有走过的道路，敢于第一个吃"螃蟹"。

# → 工程诺奖

★★★★★

2009 年，一则消息引起中国工程界极大关注，包起帆荣获世界工程组织联合会"阿西布·萨巴格 (Hassib J. Sabbagh) 优秀工程建设奖"。这是中国自 1986 年加入该组织以来首次获得这一奖项。

全国人大常委会副委员长、中国科学院院长、中国机械工程学会理事长路甬祥专门给包起帆发来贺信。业内人士称，包起帆获得的是世界工程界的"诺贝尔奖"。

包起帆负责建设的上海罗泾散货码头项目，在世界上首次实现了公共散杂货码头和大型钢铁企业无缝隙物流配送，成为资源节约型、环境友好型码头建设的优秀典范，经中国科协推荐，全球专家评选，荣获了这一奖项。

位于上海北部的罗泾散杂货码头，岸线长 2720 米，由新建的矿石码头、钢杂码头

目标："人无我有，人有我好"

和改扩建的煤炭码头组成，设计年吞吐能力为4380万吨，拥有33个泊位，其中9个万吨级泊位和24个中转泊位。原先因宝钢2005年在这里设立中厚板分公司，华能集团下属的石洞口电厂急需土地堆放煤炭。3家企业都同时瞄准了这短短的不到3公里的岸线。让3家企业平分岸线各自设码头，还是让3家共享资源？包起帆与他的团队经过对多种方案的反复比选、择优，提出了"一线三用"的方案，由上海港务集团兴建公共散货码头，同时为宝钢和华能提供物流配送业务。包起帆在协商中提出三项承诺：一、来罗泾码头装卸，运价一定不比别的码头高；二、宝钢的船可优先靠码头；三、如果无缝隙的物流配送发生问题，将承担全部责任。同时，上海港务集团还出资1亿元，在靠近岸线的江面上划出一片区域供石洞口电厂堆放煤灰。煤灰填平了土地，又能作为港口的新堆场。这是世界上首次实现公共码头与钢铁企业、电厂之间的一体化全程协同管理，使物流链与生产链无缝衔接。罗泾码头在同一深水岸线上，让港口、电厂、钢厂资源共享，改变了以往工矿企业各自为政，自建码头利用率不高的局面。这一创新，不仅节约了宝贵的岸线资源，还为宝钢节约投资20亿元。现在这里的码头泊位，不仅能提供公共码头的服务，也能为宝钢提供定制化全程物流服务，并为华能电厂提供粉煤灰堆场。

罗泾散货码头还配备了世界上第一台自动化散货装船机和第一台自动卸船机。由上港集团、港机重工、上海交通大学和同济大学共同合作，包起帆任课题负责人的"现代港口散货装备集成技术开发与研制"项目完成后，率先装备在罗泾码头。这台世界最先进的自动化装船机，采用船舱位置和物料分布的自动检测，实现了装卸作业无需人力的全自动化操作。世界上第一台卸船机，通过对物流流量及船舱内物料高度的实时检测，可以自动地实现自动均匀配载。这两台机械上，都安装了三维激光扫描仪，实时地扫描现场情况，传输到电脑上进行分析，指挥操作。这项散货的全自动化装卸技术，集成了现代网络和数字通信、远程监控检测及虚拟样机技术，实现了高效的自动装卸及堆场作业，提高了码头效率。

这个项目在工程建设中将管理信息系统、生产实时控制系统、港区运行状态监测系统形成一个闭环的一体化管理控制系统，实行企业生产资源的协调管理，优化组织结构及管理流程，提高营运效率，降低生产成本。

在工程应用上，将自动化控制技术应用到

▷ 荣获世界工程组织联合会"萨巴格优秀工程建设奖"的获奖照片

矿石的卸船、输送堆存和装船系统，在世界上首次实现了矿石装卸作业线的全自动化。

由于设计的合理性和建设的科学性，使得码头建设工期从四年缩短到两年零两个月，投资额比原先的工程概算节约 7.7 亿元。码头营运一年就达到设计能力。

好的设计，能启迪人。罗泾散杂货码头的建设成果，为中外专家瞩目，被交通部评为示范工程。经中国科协推荐，送往世界工程组织联合会参选，包起帆以 161 分的高分获奖。据国际联络部组织处处长苏小军介绍，世界工程组织联合会于 1968 年成立于巴黎，是联合国教科文组织倡议和支持下成立的世界上最大的非政府工程组织。联合会共设立了优秀工程教育奖、优秀工程奖、萨依德·库利优秀工程建设奖和阿西布·萨巴格优秀工程建设奖四个奖项，是世界工程界的重要奖项，被称为工程界的"诺贝尔奖"。联合会的奖每两年评选一次，每个奖项只奖励一人。中国专家曾获得过优秀工程教育奖，但其他三个奖项从未获得过。包起帆获得这一奖项，不仅体现了中国工程建设的重大成就，表明中国的工程在世界舞台上的影响越来越大。从这个意义上说，此次中国首度问鼎世界工程组织联合会这一奖项是一次突破。罗泾二期的这一方案具有环境友好、节约资源的特点，一条岸线同时供公共码头、钢厂和电厂"三用"的模式，是世界首创，也暗合了世界工程组织联合会当年年会的主题——关注水务水利、环保和可持续发展。

# → 绿色水运

★★★★★

　　2003 年，包起帆担负了改制后的上海国际港务集团公司的基本建设任务。很快，他把推进绿色环保确立为港口建设的战略目标。

　　在全球共同应对气候变化的背景下，减少温室气体排放已成为国际社会的共同责任，发展"低碳、绿色"经济正成为世界潮流。水运具有运量大、能耗低、污染小、占地少等比较优势，承担了绝大部分的国际贸易运输的任务。但水运业节能环保的优势还没有充分发挥，存在不少亟待解决的问题。包起帆认为，作为一个世界大港的上海港，推动绿色环保，建设资源节约型和环境友好型的码头已迫在眉睫。

　　上海港的货物吞吐量位居世界第一，同时，上海港也是耗能大户，一年用油 14 万吨，耗电 2.4 亿多千瓦·时。轮胎式集装箱门式

目标："人无我有，人有我整"

起重机是柴油消耗大户，它的能量转换效率低，尾气、噪声、废油水泄漏产生的污染很大。如何将这种轮胎吊改用电，而降低污染呢？包起帆从无轨电车上受到启发，他与他的团队经过反复试验，独创了"高架滑触线改电"方案，在轮胎吊上树起了四条辫子，通过架设在高空的铜滑线供电驱动。实行了"油改电"之后，轮胎吊的操作更舒适。技术人员为此算了一笔账，同样吊装一个集装箱，"油改电"后，可节省成本77%，一台轮胎吊一年可节约30万元。同时，"油改电"后，基本杜绝了废气、噪声及废油水泄漏的污染。

在供电不便的洋山深水港，包起帆和团队将汽车混合动力技术移植到轮胎吊上，通过加装一个智能电气控制装置，把下放物体时吊机释放的能量用超级电容收集起来，转化为电力，在需要时再供给吊机。包起帆说，混合动力轮胎吊平均节油率达30%以上，尾气排放减少50%，噪声也下降了25分贝。

目前，上海港已完成了300多台轮胎吊的改造，不仅使能耗大户减负，也使上海港更清洁。

拔除上海港的"移动烟囱"，是又一场绿色环保的硬仗。在百舸争流的黄浦江，大小船航行江上，也带来了一根根"移动的烟囱"。船舶停靠码头时，需要用柴油或重油来发电，以维持船舶的正常运转。数据显示，港口城市因船用发电机排放废气要比其他城市平均高出 25%。而上海港每天因船舶停靠带来的有害物质达 93.3 吨，二氧化碳排放达 3.1 万吨。但船舶用岸上供电系统却有很多难题。一是船用电频率与码头电网的频率相差很大，不能通用；而且一艘大型集装箱船耗电量相当于一座小城镇，如此大功率，对电网的稳定性要求很高。二是大型船舶停靠码头时，随着潮位的起落，以及装卸货时自重的变化，高低落差有时差 10 米，对固定电缆的伸缩性提出更高要求。上港集团联合电气集团、中海集团、上海海事大学等单位开展这项研究，

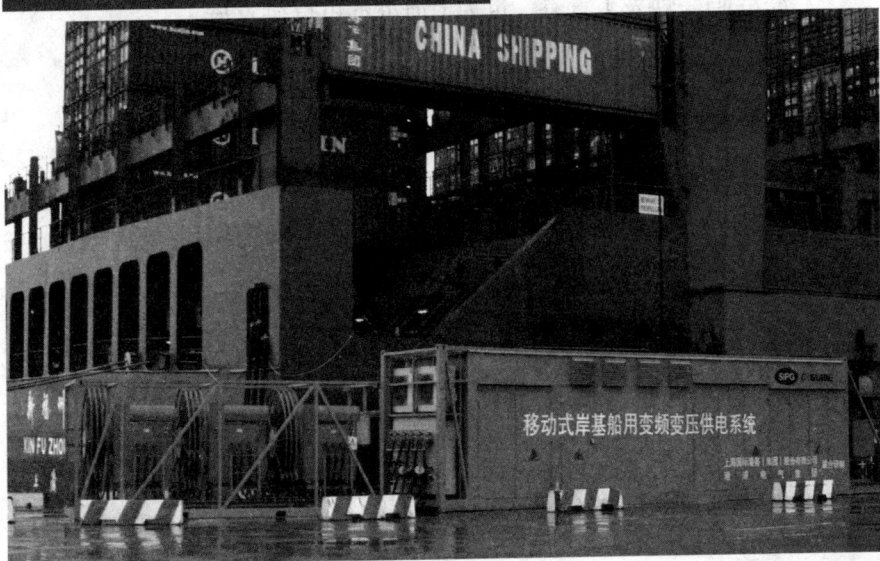

▽ 岸基供电（从码头向船舶供电，降低港口污染）

包起帆任项目负责人。他们针对港口电压和频率与船舶不相适应的状况，他们研发了可灵活移动的大动率变频变压供电装置，同时开发了专用柔性电缆卷筒，9根长达40米接船电缆可随时伸缩，解决了船舶起伏拉扯电缆的问题。

这项技术在外高桥六期的集装箱码头应用，取得良好效果。专家认为，这是世界上第一座具备全面岸基供电能力的集装箱码头，并配备电动轮胎式集装箱起重机，被誉为"无烟码头"。

包起帆说，这项成果全面推广后，在上海港每年就能减少有害物质排放3.38万吨，二氧化碳排放1131.5万吨，节约36.6万吨标准煤。

包起帆的这一跨越历史的步伐，让古老的上海港码头焕发了青春，也为上海港的可持续发展塑造了前提。

# 人人都可以成为发明家

包起帆同志科技创新先进事迹报告会

# ➔ 解码成功

★★★★★

　　在四十多年的职业生涯中，包起帆获得
奖项和荣誉称号百余次。许多人说，如果一
个人能够获得其中的一项就已经很有成就感
了，而包起帆获得的成果却是一般人的十倍、
百倍。业内评论，他是我们这个时代最富有
创造力和最成功的工人、工程师和企业领导
人。

　　谈起包起帆，许多人都认同，毫无疑问，
包起帆是一个聪明人，他非常非常聪明。但
包起帆本人并不这样想。他常常说："发明
其实一点都不神秘，我的文化低，智商也不高。
但是只要热爱工作，不满足现状，人人都可
以成为发明家。"

　　解码包起帆的成功奥秘，人们可以从中
获得很多启迪。

　　创新要从脚下起步，岗位是创新的土壤。
　　包起帆的创新发明之路，是从脚下起步

的。他说，无处不在的需求就是创新的动力。因为工伤他已不能适应装卸工的工作，他被调到机修车间电吊修理组工作。不久他就发现装卸区用得很普遍的"67型电吊"所用起重钢丝绳磨损情况十分严重，"67型电吊"每月要用三四根比手指粗的钢丝绳，这些钢丝绳当时都是要花宝贵的外汇从日本、荷兰等国家进口来的。换钢丝绳是件很麻烦的事，频繁调换，使司机叫苦不迭，而且严重影响生产效率，更为严重的是电吊的把杆会因钢丝绳磨损而发生坠落的恶性事故，对装卸工的生命和国家财产构成极大威胁。这使包起帆感到分外焦急。中午休息时间，他就一头钻进机房观察，有时候几个小时不下来，经过反复琢磨，终于发现钢丝绳的损坏是由卷筒上下两层卷绕偏角导致"咬绳"引起的。怎样才能使钢丝绳不"咬绳"呢? 回到家里，他就把缝纫机上的卷线圈拆下来做模型，做对比试验，结果发明了一种"变截面起升卷筒"，也就是起升卷筒一边的直径小，用来卷绕不受力的钢丝绳，另一边的直径大，可以使受力的钢丝绳在卷筒壁上单层卷绕。这样一改，果然见效，受力的钢丝绳不再咬绳了。这项改革，使每根钢丝绳使用寿命从原来的75小时提高到1500小时，钢丝绳的平均操作吨位提高了18倍。钢丝绳过去每月要换三四根，现在三个月才换一根。码头上的电吊都改了，效果很好。每年可节省钢丝绳三万根。这件事被日本起重机专家知道后，立即赶到码头，专门察看了改革成果，翘起大拇指连声叫好，认为这项发明很了不起，解决了大问题。

1980年9月17日，上海《文汇报》以"包起帆闹革新延长钢丝绳寿命"为题，报道了包起帆革新成果，这是包起帆的名字首次出现在大报上。

人人都可以成为发明家

"67型电吊"钢丝绳的改革成功给了包起帆很多自信和激励，他决心要沿着这条路走下去。

码头上穿梭往来的卡车常常撒下废钢、铁屑、石块，经过重载车的挤压，码头道路坑坑洼洼。原先码头上用的水平运输机械的充气式轮胎，极易损坏。包起帆所在的装卸区，每年就要损耗200多条胎。包起帆与同事以及橡胶研究所一起研究这一课题。经过测算，他研发的直接充填海绵式实芯轮胎，具有抗震、防爆、防刺破的功能，轮胎使用寿命提高，维修成本下降。

如何解决袋装物的装卸困难也进入了包起帆的视野。码头上经常装卸的化肥、水泥等，戴手套要打滑，但用手搬，没几个小时就会磨出血，用手钩则袋破物漏，货损严重。这件事虽小，但长期以来却难以解决，被港口界视为世界性难题。包起帆啃起了这块硬骨头，他与同事们为此花费了3年时间，以各种材料、设计来试验，经过40多次的改进，终于试验成功，一种袋物装卸工具问世后，既能保护工人手指，又能防止袋物破损。尤利卡世界发明博览会的国际评委主席居亚尔先生称这项发明意义重大，这是一种保护人权的好发明。

从脚下起步，从小改小革做起，引领他成为一个永不停步的发明家。从此他一发不可收，后来问世的系列抓斗、内贸集装箱运输工艺等一系

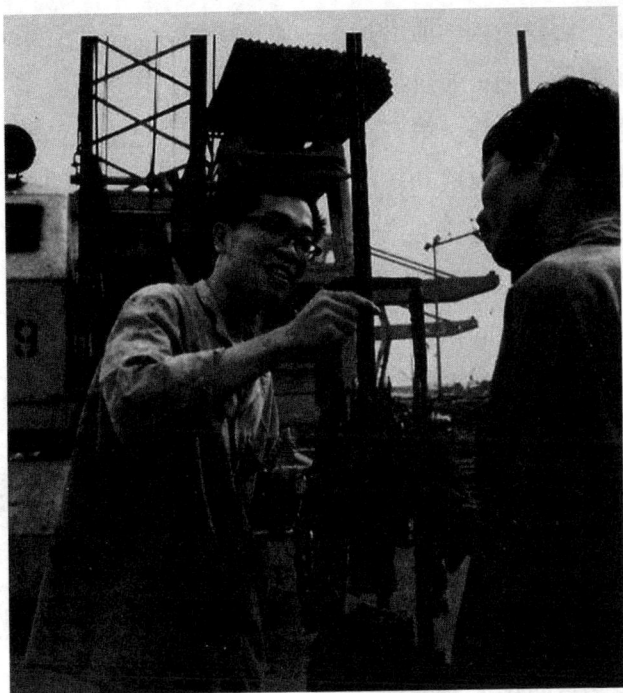

△ 70年代末在搞技术创新

列成果都是在生产需求的推动下而研发。

进入 2000 年后，科技发展日新月异，处在一个知识经济的新时代，包起帆更加注重把握世界科技发展的潮流，勇立潮头，他的创造发明与时代同步。

他把创新之路归纳为三个途径和两个交叉点。

他说的三个途径是：第一，需要不断更新知识，夯实理论功底，打好扎实的专业基础。第二，需要不断拓展自己的国际视野，通过论文、杂志、媒体、网络来广泛吸纳国际前沿技术；通过研讨会、展览会来观察国际技术发展方向；通过与国外的业务谈判、技术交流来全面掌握信息，开展合作。第三，需要不断培养自己敏锐的专业洞察力，要勇于挑战权威和传统的观念，努力使自己长期保持对新生事物的关注和好奇心，对现有的工作要勇于质疑，使自己在思想上、技术上保持活力，才能把握发展和创新的方向。

两个交叉点是：将世界上的最新科技发展前沿的技术，与本职工作发展方向相交叉；将世界上已经成熟的科技成果，和自己的本职工作中遇到的难题相交叉。包起帆认为，三个途径和两个交叉点是互为因果的，有了广博的知识信息，又有多学科的交叉，就能找到好的创新目标，就能攻克创新中遇到的难题，就有了通向成功的可能性。

包起帆领衔发明的集装箱全程实时在线监控系统，中国港口第一个集装箱自动化无人堆场，世界上首台全自动抓斗卸船机和散货装船机、电子标签等，都是通过这些途径和寻找交叉点找到了创新的目标。他从中展开了独特思维的直觉和想象力，他融合了创造力与技术，并以顽强的意志去获得成功。

"经济发展的机遇，也给我的创新发明提供了条件。"包起帆说。他多次说道："我清晰地记得，我们港口界筑港的老前辈，中国工程院院士梁应辰先生在外高桥五期码头上，深情地对我说：'小包，你们真是福气，这么大的码头一年半就建成了，你们真是逢上了好时机。像我这样干了一辈子的建港，想当初能干上一个两个万吨级码头就非常了不得了。'的确，我们这一代人逢上了国家发展、港口发展的好机遇。我作为中国的职工深切地感受到中国目前的发展机遇是千载难逢的。报效祖国、服务人民的责任感和使命感推动我们不断创新。"

## → 团队之魂

★★★★★

说起包起帆的创造发明，包起帆总是要谈到他们的科研团队。他谦虚地说成绩是大家的，我只是出出点子，立立项，研究时带个头，关键时刻出点力。但他的科研团队的成员都说，包起帆是团队之魂，有了他，就有了自信;有了他，就少走弯路。在他带领下，团队的科研才搞得有声有色。

刚开始研发抓斗时，公司机修车间的技革组里才三四个人。就是在这样艰苦的条件下，包起帆总是能调动大家的积极性，发挥每个人的特长。

公司机修车间有个青年工人名叫叶俊华，他在实践中感到，由包起帆发明的15吨单索撬轮式机材抓斗有待进一步改进的地方，设想利用更先进的星轮式装置来代替原来的装置。虽然他有这个想法，但他却迟迟不敢动手。因为这抓斗曾得过国际发明博览会的银奖，而且发明者又是大名鼎鼎的包起帆，自己的想法对不对，能否得到包起帆的支持和理解呢？有一次，他试着与包起帆说了自己的想法，包起帆听后，高兴地叫起："好小叶，你的想法很好，有志气，你要搞出更好的抓斗来，我坚决支持你！"小叶一听，心里暖暖的。在包起帆的帮助下，他设计的星轮式开闭装置终于诞生了。但在试验时发生了摩擦定位不准的问题，包起帆与小叶一起研究，分析定位不准的原因，在包起帆的建议下，攻下了这个难题。在向局里报这项成果时，小叶几次提出要包起帆作为发明人一起上报，但包起帆却坚决地拒绝了。他说："助你一臂之力，是我应该做的。希望你今后搞出更多的发明来，到时候我还会帮你的。"

后来，公司里成立了工艺技术科，专门搞技术革新，包起帆总是他们的主心骨。他善于找课题，然后带领大家一起做，每个人都有用武之地。而每次发奖金，他都坚持团队共享利益，所有参与者人人有份。因此，他们工艺科，一直是工程技术人员聚集的地方，每年都能完成十多项科研成果。大家说："跟着包起帆搞科研，心情特别舒畅。"

不仅奖金人人有份，包起帆还给团队每个人都提供创新发明的学习机会。

经常与包起帆打交道的日本安川公司总裁羽鸟，对包起帆的才干十分欣赏，为了推进双方的合作，羽鸟邀请包起帆到他的公司考察，他说将安排一次高标准高规格的接待，让包起帆对公司的情况有更深的了解。包起帆在谢过他后说："总裁先生，你能不能把给我的机会，转给我们技术中心的技术骨干？"羽鸟总裁很不解，问："为什么？不是中国有很多人都希望能到国外看看，你为什么不愿去呢？"包起帆心想，羽鸟当然不理解，其实他心里早有一本账。羽鸟是日本起重机电器控制巨头的掌门人，当时上海港的桥吊起重设备已全部实现了电器化，可是这些电器化设备全都是从国外引进的。其中的技术，中方不掌握，一旦设备发生了故障，面对复杂电路集成模板，我们的技术人员不敢拆开修理，怕找不准症结所在，怕维修不当造成对生产的更大影响。有时明明换一两个元件就能解决的问题，却把整个模板都换掉了，单单这一项成本每年要花上千万元呢。包起帆看在眼里，急在心里。长此以往，技术人员始终对先进设备一知半解。在当今全面电气化的时代，怎么能提高科研团队的实力呢？于是包起帆就对羽鸟说："如果我们的技术人员都对您的产品非常熟悉，那么对贵公司的产品出口不就更有利了吗？"羽鸟觉得有道理，就同意了。这以后，上海港连续 4 年共派出近 100 名技术人员去日本安川公司培训，回来后他们个个出色，成为技术骨干，其中好多人还出了成果。

2001 年，局里专门设了技术中心，技术中心有 300 多人，设有 17 个研究室。在技术中心，包起帆是一面旗帜、一个核心，他凝聚大家的力量开展科研活动。

　　包起帆在团队中倡导学习之风，坚持终身学习的理念，要求深入学习，持续学习。他率先垂范，身体力行。从上海第二工业大学大专毕业后，2004 年至 2007 年他又去武汉理工大学攻读物流专业本科，2007 年至 2009 年又在武汉理工大学攻读物流专业硕士。

　　在学习期间，包起帆的思路更加活跃和开放。集装箱电子标签、自动化无人堆场、混合动力节能型集装卸轮胎吊、现代集装箱码头智能化管理技术等，这些科研项目有多学科交叉、渗透，他把世界前沿技术与本职工作融合，迸发出无限的创意。所以，包起帆及同事们的创新成果累累，每项成果都与世界潮流同行，获得了国际专家的认同和好评。

技术中心的一位高级工程师说："跟着包起帆搞创新有奔头，他作为搞科研的带头人，总能选出比较好的课题，这是因为他的信息量比较新、比较大。选题的方向虽然不是一下子就很准，但总是八九不离十。开始，大家都还看不出究竟好在哪里，但随着项目的推进深入，就一步步走向成功了。所以大家很信服他。"

另一位高级工程师说："跟着包起帆搞创新能学到很多东西，他总是手把手地教大家，第一是教思路，第二是做方案，第三是抓过程，最后告诉你如何写总结。科研中的许多环节，他都会亲自指导，如测试怎么做、专利怎么申请等。跟着包起帆做过一个课题，以后自己也就会搞创新了。所以大家都说，搞一个项目，确实是开了窍，增长了才干，会得到很大提升。"

许多技术中心的同事说，自己尽管过去也长期从事科技工作，但真正有长进的还是从与包起帆一起做项目开始的，他的言传身教，对大家很有帮助。一个创新项目的成功，不仅能提升企业的效益，造福于社会，同时也带出了一批人。他们说："包起帆能引领我们在创新的路上有所作为，所以在科技中心这个团队里，包起帆有很强的凝聚力、感召力。"包起帆说："真心依靠大家，这是成功的法宝。"

在包起帆的带领下，技术中心的科研人员都作出了卓越贡献。这个团队中已有1人享受国务院专家津贴，8人成为教授级高级工程师，多人破格晋升为高级工程师。

包起帆的创新精神不仅感动了港口界的干部职工，也感动了各行各业的人们。上海日立电器有限公司的技术员彭真义说："包起帆三十多年锲而不舍，用求真务实、勇攀高峰的科学精神，用报效祖国、服务人民的主人翁精神，为祖国和人民作出巨大贡献。在我们建立创新型国家、学习型社会的实践中，'起帆精神'是我们年轻人一生都受用不尽的精神动力。每次学习包起帆事迹，我总有一番新的感悟。"荣获"上海市十大工人发明家"称号的沈国兴说："学习包起帆的事迹，我深感创新的艰辛，创新的喜悦。近些年来，我设计制作的二十多个产品获得了国家外观专利及创新大赛实用效益奖，给企业带来可观的经济效益，也让我感到许多无法用语言来表达的快乐和成就感。我要像包起帆那样发奋图强，不畏艰难，超越自我，勇攀新的高峰。"

# → 金牌之辩

★★★★★

　　2006 年 5 月，包起帆在巴黎国际发明展上一举获得了 4 块金牌，这是巴黎发明展举办 105 年以来，首次将金牌授予同一个人。获奖归来后，许多人问包起帆，一次获那么多金奖，你激动吗？包起帆说："我的心情很平静，因为我知道，金牌只是我前进路上的一块标签，真正使我动心、动情的是，我的发明成果能够为企业增效，为职工造福，为祖国争光。"

　　许多熟悉包起帆的人都说，包起帆是个不计功利的追梦者。他是一个低调的人。真正有智慧和才华的人，必定是低调的。才华和智慧就像悬在精神深处的一轮明月，早已照彻了他的心。他不急，不躁，不悲，不喜，不争，不浮。他所有的发明，都是职务发明，他历尽千辛万苦，所取得的发明成果，图纸留给企业，专利留给企业，由此产生的经济效益也归企业，这都是心甘情愿的。但是，当人们发现，他所得的所有金牌也都交给单位保管，自己一块未拿时，在上海引发了一场争论。

参与这场讨论的，有普通工人、领导干部、高校学生和教师等，讨论涉及发明人权益的保护，创新发明的体制和创新发明的激励机制等。复旦大学经济管理学院时任院长的陆德明认为，这场讨论涉及到技术和管理是否创造价值，价值和剩余如何分配和激励，劳动者是否拥有产权（包括知识产权）等问题，机制和制度是大事，但比机制和制度更重要的首先是思想解放和观念创新。他还指出，按照马克思主义的理论逻辑，社会主义制度下，劳动者不仅拥有劳动力，

◁ 获巴黎
发明展金奖

△ 包起帆在95届巴黎国际发明展上独中三元

还占有生产资料，从小的方面讲，劳动者对自己的劳动成果拥有产权，包括知识产权，……现在是应该到了完全抛开旧观念和"惯例"还发明专利和技术成果产权于发明者的时候了。

身为中国发明协会副会长的包起帆，在上海经常接触到发明家同行，大家从心底里赞同"科教兴市"战略，但也知道"科教兴市"的18条政策在操作上困难重重。据他所知，上海职务科技发明者中，除个别人在市领导的干预下，报酬得到落实外，大部分人只见文件而未予落实，关键是观念问题，同时也缺乏具体的细则。

虽然包起帆为保护发明家的权益发表了自己的看法，但他自己对此并不看重。从1981年得到第一笔奖金10元开始，所有发明奖金都是与同事分享的，而他本人的那份都是用于帮助困难职工的。

金杯、银杯，不如工人的口碑。最能让包起帆动心的是工人话语，他一直铭记在心的也是工人的称赞。有一次，他去连云港学习，一个码头工人认出包起帆来了，上前询问："您是包起帆吧？"包起帆连忙点头应诺。霎时间很多工人都围过来了。他们说："包起帆，你的抓斗真好，过去我们用人力装卸木材，经常死人，现在我们再也不用下舱了，你的木材抓斗救了我们！"包起帆一阵激动，他想，这是对他发明创造的最好褒奖。一次在青岛港，青岛北港公司经理握着包起帆的手说："包起帆，你的抓斗太好了。我们码头在推广抓斗前一年就死了三个人，在推广抓斗后到现在，一个轻伤都没有发生过啊！"那里的一些装卸工人闻讯包起帆来了，都来看他，他们送来了两个瓷盘，一个瓷盘上画了一个雄鹰，另一个写有古人的一句名言。包起帆以前从不收礼的，但这两个瓷盘他收下了。他说："它们的分量重于任何一块金牌！"还有一次，包起帆去广州港，那里的工人对包起帆说："你在年初和我们一起搞的内贸集装箱运输在我们广州港已有了很大的发展，去年我们的内贸集装箱吞吐量已突破 200 万箱，你真是带了一个好头。"听到这些话，包起帆感到比获得金奖更有意义、更有价值。正如包起帆在人民大会堂作主题报告时说的："我相信，劳动创造幸福，知识改变人生，责任成就事业，创新铸就辉煌……我将勇立潮头，朝着下一个创新目标起帆远航！"

# 与爱同行，爱企业、爱职工、爱家

# → 温馨港湾

★★★★★

　　包起帆是有着耀眼光环的人。他是中国港口业界发明成果最多的人，也是获得各种荣誉称号、奖章最多的人。但谈起这一切，包起帆总是说："军功章里有我妻子张敏英的一半，一半还要多啊。"这是他的肺腑之言。他在创新发明的大海中扬帆起航，家是他的温馨港湾。

　　1974 年，73 届毕业生张敏英来到包起帆所在港区当装卸工。那个年代正值知识青年上山下乡热潮涌动，姑娘当装卸工也不稀奇，而且是大家羡慕的"工矿"名额。张敏英的四个兄姐都去了农村，她获得这个宝贵名额。

　　18 岁的张敏英，瓜子型脸蛋上，镶嵌一对明亮的眼睛，齐耳的短发显得干练利索。虽然身着不合身的工作服，仍然难掩她青春靓丽的气质。

码头上男女同事在一起工作。码头上，对女工还是照顾的。一个女工要搭一个男工，劳动力强的要帮一个劳动力弱的。

　　包起帆这个班组是在船舱底层干着极为艰苦繁重的活。包起帆与张敏英搭班。他注意到，这位新来的女青年一点也不娇气。她是一个好强和有个性的人。搬生铁时别人搬 30 块，她要努力搬 40 块，不肯示弱。在班长包起帆的眼里，她除了坚强，还很善良，乐于帮助人、关心人，宁肯自己吃亏，也不肯让别人受损害。包起帆不禁对眼前这名柔弱的女子产生好感。而在张敏英眼里，包起帆是一个踏实诚恳、心地善良的男子汉。在日常艰苦的劳动中，两颗心一点点靠近了。

　　张敏英家住新肇周路。那时女工要做早中两班，上中班时，下班已是 10 点，再洗澡更衣就近 11 点了。包起帆不放心她，每

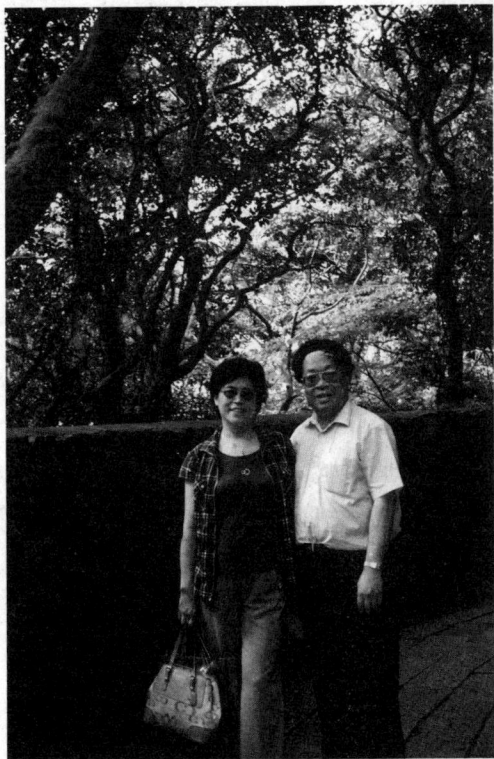

△ 包起帆和妻子

天下班后，包起帆总是默默地陪着她走几站路。他们沿白莲泾码头前的田埂小路，一直走到江边码头去轮渡码头摆渡，然后再走很长一段路送她到家。没有花前月下，没有山盟海誓，当然也没有鲜花巧克力，没有浪漫故事。那个年代的爱情故事，就是平平淡淡的，他们甚至连手都没有牵一下。他们就这样走着，时间就这样在平静中流淌。

包起帆喜欢这名青年女工，他想着找机会表白，但是每次都与机会失之交臂。终于有一天，他鼓起勇气，对张敏英说："我们交个朋友吧。"张敏英含着羞涩的笑容点头答应了。

他们确定了恋爱关系，交往的方式，就是每月到包家吃一顿饭。虽然这很平常，但张敏英很看重这份情感。有一次，她因工脚受伤，走路不方便，妈妈拦着不让去包起帆家，张敏英竟哭着求妈妈让她去。

张敏英现在回忆起来，当时的包起帆要瘦得多，戴副深度眼镜，样子有点迂，当然是算不上帅哥的。连张家妈妈看第一眼时，也不怎么喜欢。但张敏英坚持认为，他人好又聪明，很可靠。

爱情长跑竟跑了7年。在这平平淡淡的日子里，彼此默契到不用说很多话便能相互理解又心心相印，一种始终涌动不息的执著，让人觉察到博大无边的理解力。

到包起帆30岁时，两家人开始筹划婚事。像大多数家庭一样，在那个年代，大家都很穷。两家人都拿不出钱来筹备婚礼。包起帆每月40元的工资都交给父母作家用了，没有一点积蓄。当时房子是靠单位分配的，他还轮不到分房子，比他困难的职工在码头上还有很多。为此，他的哥哥一家重新搬回父母家，哥哥的一间12平方米的房子给包起帆作了新房。那时结婚讲究家具有多少只脚，包起帆没有钱，靠着张敏英东借西凑，才买了一套价格为 400 多元有 36 只脚的家具。家里最值钱的是一个长风牌收音机，还是班组里 12 名同事凑钱买的。

小家庭的生活一开始就陷入艰难困苦之中。他们家住曹家渡，上班却在浦东白莲泾。那时浦东浦西间的交通非常不便，每天花在路上的时间就要三四个小时。儿子出生后，包起帆因码头上的技革项目正处在关键时刻，很少有时间顾家。张敏英每天早上六点半就出门了，抱着儿子挤公交车到新肇州路，把孩子送到娘家，由娘家人送到隔壁的老阿婆家去托带。然后她再挤车，走很长的路去摆渡过江上班去，晚上下班后，她又赶到娘家接孩子，再赶回家。晚上七八点钟筋疲力尽地到家后，还要做一家人的晚饭。好几次，为了追赶一辆刚到站的公交车，她抱着孩子摔倒在地，摔得鼻青脸肿。

最难的是儿子生病，张敏英要一个人去医院，一个人去化验、配药、打针，抱着小孩排长队，实在是苦啊。记得有一次，半夜里儿子突然呕吐不止，发高烧，医生诊断为脑膜炎。虽然后来证明那是一个误诊，但当时，她真是痛苦不堪。她坐在医院的长凳上痛哭起来，哭得非常伤心。她多么希望，这时候包起帆能在身边，有丈夫的肩膀让她能靠一下啊。可那时，包起帆却在码头上忙得不可开交。

有一次，张敏英看到包起帆已有三天三夜没回家，就来码头找，问他什么时候能回家，他说星期天下午大概船能卸空，晚上回家吃饭。谁知卸到星期天的早上，抓斗碰到船舱底下一个凸缘，将一个抓斗的钢齿折断了。这下麻烦了。包起帆马上组织工人抢修抓斗。一修就修到了星期天晚上，又连夜把抓斗送到码头上，他继续指挥作业。第二天早上五六点钟的时候，突然一个熟悉的声音在他耳边响起来："哎呀，起帆，你做神仙了，怎么又一夜没回家？"包起帆回头一看，看到妻子抱着2岁多的儿子到码头上找来了。这时他才想起了答应她星期天要回家吃饭的，原来妻子早早把晚饭做好，四点等到五点，五点等到六点，等了一夜，饭也没有吃，觉也睡不着。那时没有电话，没有手机，她害怕包起帆在码头出事，一早就带着孩子赶到码头上来了。妻子看到没事，知道包起帆在忙些什么，也就理解了。临走时对着儿子说："你赶快叫爸爸呀。"这时儿子眨了眨眼睛，看着头上戴着柳条帽，身上穿着破棉袄，腰里扎着草绳，眼睛红红，脸上抹黑的人，认不出来了，赶紧躲到母亲的怀抱，不愿开口。看着他们离开的背影，包起帆有些心酸和内疚。他心想，要干成一件事情，总是要有人作出一些牺牲，有人作出一些奉献的。

儿子从出生到长大成人，包起帆确实很少管过。他为几十项革新画的图纸，95%以上是晚上在家里画的。刚刚学步的儿子有时摇晃着过来央求："爸爸，给我讲个故事。"但包起帆总是说："炜炜乖，自己玩，给你玩具，给你开电视。"孩子撅着嘴嘟囔："坏爸爸，坏爸爸。"他也一阵阵心酸。

他记得，有一次因他的妻子要上夜班，儿子没人带，他自告奋勇："那就我来带。"谁知，带了儿子，他却又在惦记码头，因此就带着儿子到公司去了。一到公司，他把儿子锁在办公室里，自己却去码头了。他对儿子说："爸爸去看一下，你乖乖待在这里，爸爸一会儿就回来。"谁知他一到码头，便遇到了事情。那一天，船是开江作业，船系在浮筒上。上船后，包起帆看到那抓斗运转不正常了。他立刻与几个机修工一起参与维修。直到抓斗运转正常，可以装卸了，他才放下心来。抬头一看，东方已露出鱼肚白。这时他突然想起儿子已在办公室待了一夜。他赶紧下船，回到办公室，一开门就看到儿子趴在桌子上，蜷缩着身子，脸蛋绯红。他用手一摸，额头滚烫。糟了，包起帆心头一颤，实在是心疼啊。他妻子知道后，真的生气了："你心里只有抓斗、抓斗。你几天几夜不回来，我也不说什么，现在倒好，连儿子也不顾了，太过分了！"包起帆自知理亏，连忙道歉："我在船上下不来，实在没办法，再说抓斗没修好，我怎么能走呢？"每次他的妻子听他这么说，也就不吭声了。

　　那一次，儿子要上小学去报名面试，包起帆难得抽出时间陪儿子去学校。老师听说包起帆是获得国家发明奖的专家，就说："获得国家发明奖的人，儿子肯定聪明。"但是老师与他儿子聊了几句后，大失所望。她以责备的口气对包起帆说："你的儿子，1至100也数不清，简单的加减法也不会做，还是在幼儿园待一年再来上学吧，否则他可能跟不上。"那一天，包起帆蹲下来抱着儿子痛哭了一场。他自责：太亏待孩子了，自己从来也没有辅导过孩子。

有好多记者采访张敏英，问她当劳模妻子的感受。张敏英说的话很平淡很朴实。她说："我的想法是很传统的。妻子就应当做好家务，照顾好家庭，好让丈夫放心地在外工作。男主外，女主内嘛，就应该这样的。我是一个普通人，他的荣誉再多，头上的光环再多，在我眼里还是我的丈夫，我儿子的父亲，跟我一样很普通。真要问我有什么感受，我的感受是当劳模的妻子是很累的，人累，心累。"

她说："怎么不累呢，我要上班，路上要花好多时间，到家已很晚了，还要烧饭，带孩子，没有一个帮手，只能靠自己。我也想像其他人一样，每天晚饭后和丈夫一起出去散散步，但他不在；每天，我想把单位里不顺心的事跟他说说，让他开导开导，他不在；他回来了，忙了一天，工作了十几小时，不想说话了，我也有点郁闷。"

作为女人，张敏英也有埋怨，也有牢骚。有一次，她对包起帆说："其实从谈朋友到现在，孩子都这么大了，你都是这样，很少在家，很少管家里的事。这我也习以为常了。我只有一个要求，你回来后和我多讲讲话，单位里的事也与我说说，给我一些启发……长时间不交流，两人的感情上就有距离了。"但包起帆也有难处，他说："我一天下来够烦了，话讲得太多了。一天接待就有五六批人，开三四个会，接五六十个电话，回到家里实在不想再讲了，太累了。"他接着说："你不要急，等我退休了，我陪你去旅游，陪你多讲话，……现在就请你多体谅了。"

张敏英说，她对包起帆的要求，就是希望他能常回家来吃晚饭。张敏英说："有时他说好回来吃饭，我准备一桌菜，但等啊等，直到晚上九点多才打来电话，又说不能回来吃饭了。"他的儿子的心愿也同样，就是希望爸爸能晚上早点回家，一家人聚在一起吃饭。

包起帆说，有个好太太是我的福气，如果没有太太治家，我的后顾之忧就大了，哪还有精力搞发明创造。怀着对妻儿的亏欠、内疚，包起帆常常很自责，所以他对人说："我是怕老婆的。"他这样解释说："家事没有对和错，不需要争吵。太太说的总是对的，我总是错的。向太太让步不是一件坏事。一个人在社会上再有名气，再有地位，但家事管得少，就已经错了，在家里听几句埋怨也没啥。总之，家有热汤热饭，家里事情都打理好，就可以满意了。"

勤劳朴实的张敏英以自己女性柔弱的肩膀和坚韧不拔的毅力支撑着这个家。张敏英对包起帆一直很包容。包起帆说："因为太忙了，我不做家务。"张敏英说："他做的，他会叠被子。"有时早回家，妻子也不让他做家务，她说他做得不干净，丢三落四的。实际上是心疼他太累了。张敏英对包起帆百分之百地放心。她说："老包人品好,不搓麻将,不抽烟,心思都放在发明创造上。"

长年忙于工作的包起帆,也有柔情的一面。张敏英说："平心而论,他对我是不错的啦。我有时发脾气。他都笑脸相陪。过后他还说,上海女人都爱作,我把你的作看成是对我的爱的表达呀。"包起帆说:"太太为家庭为我的付出,我心里明白。我从不把这些看成是理所当然的,每次我都会对她说'谢谢',我就是这样来补偿她的。"

包起帆每次出差,照例每天早晚要打两次电话,家是他内心一份温柔的牵挂。他家的玻璃柜里,房间的每个角落都放着各种长毛绒玩具,有大象、狗熊、企鹅、老虎、犀牛等,这都是他从世界各地收集来的。他不在家时,让这些可爱的动物玩具陪伴妻儿。每次他出差回来或妻子生日他也会买礼物送给妻子,并送上祝福的话。妻子50岁生日时,包起帆给她买了一副耳环,耳环的式样新颖别致,颜色也高雅,张敏英爱不释手。但不知怎么不小心把耳环弄丢了,这是她心仪的礼物,她失魂落魄了好一阵子。包起帆立即安慰说:"别难过了,因为太小了所以要丢,以后再买副大的。"包起帆还很会买戒指,他说:"戒指套在我小手指的最后一节,张敏英就正合适。"

包起帆喜欢音乐,他常会买一些音乐原声带,他特别喜欢轻柔舒缓的小夜曲。在有空的时候,他也会和张敏英一起去听音乐会、看杂技和魔术表演。他还喜欢戏剧,是个越剧迷、沪剧迷。老艺术家的作品《梁祝》、《王老虎抢亲》、《白蛇传》等,他说起来如数家珍。

他也喜欢花卉和观赏鱼。水仙、文竹、蝴蝶兰,在家里开得正艳。十几尾火红的热带鱼在鱼缸里欢快地嬉戏。那棵幸福树上，还系着两个铃，那是夫妻铃。客厅显得优雅、舒适。包起帆说："这都是张敏英打理的，其实我一年在这个厅里坐坐也不到三四次。"确实是这样，每天工作十多个小时，一到家洗漱一下就直奔卧房。

张敏英说，我最大的愿望就是包起帆身体健康，他看上去壮实，实际毛病还是有的。他腰间盘突出，是当年当装卸工时落下的。现在有时还要发作的。他的椅子上要放一块硬板就是为了

▽ 包起帆一家人

与爱同行，爱企业，爱职工，爱家

这个。他还有痛风，有时连走路也困难。张敏英对包起帆照顾得无微不至。每天早晨，她都先起来为包起帆做早餐，每天榨一杯果汁，总是换着花样的，西瓜、生梨、苹果、橘子等，然后是一碗蜂蜜黑木耳。细心的张敏英常看养生节目，能做出营养丰富的美食。

现在，他退休了，虽然仍然很忙，但他能兑现当时的诺言，常陪妻子出去走走。在旅途中，他们总是最有激情的一对。他们挤坐在一起，一路上笑个不停。虽然包起帆常被称为"工作狂"，但他其实是一个热爱生活的人。他喜欢摄影，有一双善于观察的慧眼。他们家里保存着包起帆在各地拍的照片好几大箱。包起帆说："我如果去参加摄影比赛，没准还能拿个大奖回来。"谈到

▽ 包起帆在长白山旅游

风光摄影，包起帆兴奋极了，他说："拍照就是讲究一个协调，光线、色彩、线条、结构、取景，能把握好了，你就能捕捉到生活之美。"

→ **爱心善行**

★★★★★

今年春节，上海少有的严寒，在凛冽的寒风中，包起帆又想起南浦公司因公致残的周振天。三十多年前，周振天被木材压伤脊椎致瘫痪，今年的春节他过得怎么样? 带着关心、友情，他叩开了周师傅家的门。在嘘寒问暖之后，他又拿出钱来塞到老周的手里。

包起帆与周振天的友情已持续近三十年。

1984年1月的一天，高位截瘫的装卸工周振天收到一张10元的汇款单，汇款人是"四区一职工"。周振天感到疑惑，是谁寄的呢? 仔细看后发现，附言还有一句话：新春佳节，寄上10元，请收下，祝早日恢复健康! 就在差不多同时，因公受伤的装卸工王伟民也收到一张 10 元的汇款单。10 元钱，在当时是一笔不小的款，那时工人的月收入仅三四十元。那天，两名工伤在家的工人都很激动，工伤那么多年了，谁还在惦记我们呢？

转眼间，到了 1986 年，这两名工人又收到汇款单，此次汇了 100 元，署名为"木材装卸公司一名共产党员"。附言说："这是一名共产党员对因公致残职工的关心和慰问，祝早日恢复健康！"

两名工伤在家的工人先后给公司党委去了信，叙述了收到汇款的情况，请求找到这名好人。公司党委很重视，这是一个弘扬正气的典型，因此花了一些功夫，终于找到了这位做好事不留名的好人——包起帆。

感动得热泪盈眶的王伟民连夜给上海《新民晚报》写信，讲述了这个感人的故事。原来，他们虽然同在一个公司，实际上彼此并不认识，所以两人想来想去也想不出关心他们的是谁。这以后，包起帆道出实情。他说："拿到第一笔奖金时，我就想这钱不能用在自己身上，那用在哪里呢？我想起了因公受伤的工友。我想，他们肯定需要帮助。我到工会去了解了，周振天和王伟民两人生活比较困难。周振天当时是驾驶铲车作业时，被一个重 200 公斤的进口羊毛包砸伤，脊椎骨因此断裂，那一年，他才 27 岁。这位原先身强力壮的机械队副队长，从此就瘫痪在床上。王伟民是一个双脚双手都在装卸时被压伤的，出事时他才 22 岁，是装卸队的队长和党支部书记。两位青年的遭遇使我深受震撼。他们年纪轻轻就做出这么大的牺牲，不都是为我们上海港的现代化建设和发展吗？我们不能忘记他们。我知道他们的生活和处境很不好后，就想帮帮他们。其实我那点钱是解决不了他们的困难的。我是想给他们更多精神上的安慰，让他们能感受人间真情。第一次给周振天和王伟民寄钱，我心里很踏实，觉得自己做了一件应该做的、有意义的事。"

自从包起帆给工伤工友寄钱的消息在公司传开后，一些收到未署名汇款的工人都找上来了，

▽ 包起帆与周振天等残疾工友在一起

原来包起帆帮助过的工人还不少。寄钱给周振天和王伟民后，这样的事做过多少次，他记不清了。他的工友也记不清了。

从 1984 年寄出第一笔慰问款后，他每年过年都要到这两名工伤工人家中去，送上年货和慰问金。他为周振天买了轮椅，让他能常外出看看，也晒晒太阳。后来，轮椅坏了，包起帆闻讯后又拿出 5000 元给他，请他的家人买一辆最好的，并嘱咐要再买一个空气垫，这样可防褥疮。

周振天有一个已经发黄的本子，记录了包起帆每一笔的赠款。他说，这些年来，每逢节日包起帆都会来，他给的钱有 50 多笔。他一直想找机会感谢包起帆。包起帆获悉后，立即写了一封信给他。信上写着：尊敬的周振天同志，这些钱都是光明正大的，这是我技革成果的奖金……虽然我现在也不富裕，但与你们相比，我各方面的条件要比你们好得多……

因公致残的周振天和王伟民说起包起帆，内心总是充满感激。有一次他们商量着要去给多年给予他们帮助和关心的包起帆拜年。那年春节，他们结伴摇着轮椅前来向包起帆拜年。包起帆听说后特地到楼下把他们送进电梯。包起帆说："哎呀，这么冷的天，你们怎么能出门呢，万一感冒怎么办？"两位工伤工人给包起帆送来了一面锦旗，锦旗上写着"无私奉献，春满人间"。当时，正逢著名导演赵焕章在码头上拍摄《我心目中的共产党员》，他立即抓住这生动的情景，拍摄进片子。

包起帆的妻子看到他们来拜年，特地烧了点心桂圆蛋汤，让他们暖暖身子。但他们两位一口都没吃。原来，两名工人当天一早就起身赶路了，从浦西到浦东，摆渡过江，路上花了两个小时。因为怕路上上厕所不便，他们没喝过一口水，吃过一粒米。他们说，因为残疾，他们已好多年不到父母家、兄弟姐妹家拜年，主要是怕不方便。但对包起帆，他们一定要拜个年，表达自己的心意。包起帆听了深受感动，他的眼睛湿润了："应该我去看你们的，你们不要再来了。"虽然经多次劝说，两位残疾工人还是多次给包起帆拜年，表达对包起帆的由衷感激。

1997年9月的一天，周振天收到一封来自北京发自人民大会堂的党的十五大首日封。周振天非常的激动。他想，包起帆当时已离开南浦港务公司到龙吴港务公司去了，他当了十五大代表，开会多么忙，但他仍然惦记着我这个工伤工人。后来，他知道南浦公司集邮协会及公司的很多人都收到了包起帆寄的首日封，大家都非常感慨，首日封是限购的，包起帆要排好几次队才能买到的。

1999年春节前的一天，包起帆又到周振天的家里去看望他。周振天家里的房子小，那辆残疾车没地方放就贴着墙搭了一个残疾车车棚，但是街道在整顿小区环境时，要拆除这个车棚。包起帆闻讯后，立即联系区政府，请他们在不影响环境的前提下，帮助周振天解决残疾车的存放问题。经区政府的协调，终于解决了这一困难。

2005年2月，初暖乍寒。一天的傍晚，王伟民家里响起了轻轻的敲门声。这熟悉的敲门声，

与爱同行，爱企业、爱职工、爱家

好像是包起帆的，果然一开门，包起帆就在门前，他一进屋子就说："老王，告诉你一个好消息，你儿子的工作找到了。"老王夫妻惊呆了。他儿子在中专毕业后，找工作一直没有着落。万般无奈在包起帆一次来访问时就告诉了他。当时，连大学毕业生找工作都很难，一个中专生更加难上加难了。包起帆把这件事放在心上，一有机会就去找。许多单位一听"中专生"便摇头了。包起帆只能将老王家里的情况，自己为什么要帮他的原因一一道来，终于落实了老王儿子的工作。

　　1996年，包起帆刚到龙吴公司当经理，青年工人姜浩的不幸遭遇引起了他的注意。姜浩的父亲和两个哥哥相继患肝癌去世，他还没有在接连痛失亲人的巨大悲痛中解脱出来，自己也患了肝炎住进医院。包起帆立即赶到医院，来到了姜浩的身旁，握着姜浩的手说："小姜，我刚得知你家的不幸，但你不是孤独的，我们都是你的后盾，一定会帮助你克服困难的。"说完，包起帆就拿出500元钱塞到姜浩的手里。当时大家的工资也不高。包起帆告诉小姜说："这笔钱是从自己的专家津贴和发明奖金中拿来的，你不用担心。"临走时，包起帆再三叮嘱小姜要保重身体，振作精神。当时几近绝望的姜浩低着头一声不吭。包起帆站起来要告别时说："姜浩你抬起头，让我看看你。"这时，姜浩把头埋在被子里哭了起来，他伤心地号啕大哭。他把压抑了多年的泪水，全面倾泻出来。

　　后来包起帆再去看他时，他已判若两人，精神状态好多了。他说："包总，谢谢你了。当初我绝望得已没有活下去的勇气。是你的一番话让我打消了那个念头。那天我虽然不想说话，但在我的心里已对你说了好些话。你这么忙，还来看我，开导我，我很感激。后来单位其他领导也多次来关心我。你让我振作起来了，现在我已考取了黄浦区业余大学，学习市场信息专业。"

看到姜浩的变化包起帆高兴极了。他对小姜说："等你毕业了，到公司来上班好了，我们会为你安排合适的工作。"姜浩激动得跳起来，表示一定要好好工作。

以后，包起帆去看姜浩，送去慰问金时，还会带去学习用品。有一次，包起帆"荣获全国优秀共产党员"称号，得到 500 元奖金，也给姜浩送去了。

后来，小姜在黄浦区的业余工业大学取得文凭，毕业后到公司的发展部去工作了。他激动地

▷ 包起帆在西藏

对人说："包起帆不仅是劳模、发明家、企业家，还是我们身边的优秀共产党员。我的人生转折离不开包经理的引导帮助，我一定不能辜负他的期望。"

2000 年的 6 月底，包起帆在龙吴公司举办纪念中国共产党 79 周年会议，他特别请来了南浦公司的一些工伤人员，请他们来参观龙吴码头，途中还请他们去观看了南浦大桥。这些工伤人员感动得不能自已，纷纷说：想不到，包起帆在公司时想着我们，离开了公司还想着我们。

包起帆是上海最早获得国家级专家津贴的技术人员，从拿津贴的第一个月开始，他就把津贴全部送给企业的困难职工。从 1981 年取得革新成果开始，他就给自己立下一个规矩：不管国

▽ 包起帆在实践中探索

家级的、省部级的，还是局级的，奖金的绝大部分要分给团队同志，属于他个人的奖金要全部送给企业伤残、困难职工。这条自立的规矩，他已坚持了三十多年。2006年，他获得了全国职工技术创新一等奖，20万元奖金，18万分给了同事们，2万送给了两名瘫痪在家的老职工，自己一分钱也没拿。1998年，包起帆获得了国家科技进步二等奖，他把奖金大部分分给了一起搞科研的同事，自己的1万元就用于帮困。在召开纪念"七一"座谈会上，他专设了"帮困献爱心"活动，把1万元给了10名困难职工。自1991年以来，他把国务院颁发的专家津贴设立了一项帮困基金，帮助生活困难的职工。

包起帆到底捐了多少钱，谁都讲不清。除了企业的工伤、困难职工，他还资助过宁夏失学儿童，还联合部分劳模在贫困山区办学。各类社会公益活动他更是热心参加。

# 附 录

一、国内外荣誉

2011年 获十一五国家科技计划执行突出贡献奖

2010年 获全国劳动模范；2010年中华环保联合会"低碳中国突出贡献人物奖"

2009年 世界工程组织联合会"阿西布·萨巴格（Hassib J. Sabbagh）优秀工程建设奖"；入选新中国成立60周年上海杰出科技人物；入选100位新中国成立以来感动中国人物；入选中华人民共和国60年最具影响力的劳动模范

2008年 荣获比利时王国"军官勋章"

2007年 全国敬业奉献道德模范；何梁何利科技创新奖；中国信息化杰出人物奖；中国港口十大风云人物

2005年 全国劳动模范

2004年 全国五一劳动奖章

2001年 上海市劳动模范

2000年 全国劳动模范；入选21世纪封面人物

1999年 英国国际杰出人士奖；聂荣臻发明创新奖；全国交通系统优秀科技工作者

1998年 上海市劳动模范

1997年 全国优秀共产党员；发明家科技之星

1996年 全国优秀科技工作者；上海发明家

1995年 全国劳动模范；上海市劳动模范；全国交通系

统优秀科技工作者；中国"发明创业奖"

　　1994 年　全国十大杰出职工；英国"20 世纪杰出成就奖"；入选上海市"我最佩服的共产党员"；中国海员工会"金锚奖"

　　1993 年　上海市劳动模范；上海市"五好家庭"

　　1992 年　上海科技功臣；上海市十大先进标兵；比利时王国"军官勋章"

　　1991 年　上海市劳动模范；上海市优秀共产党员；获享受政府特殊津贴证书

　　1990 年　上海市优秀科技工作者

　　1989 年　全国劳动模范；上海市十大科技精英

　　1987 年　上海市劳动模范

　　1986 年　全国优秀科技工作者和五一劳动奖章；上海市交通邮电系统优秀共产党员；上海市优秀共产党员；获中青年有突出贡献专家证书

　　1985 年　上海市劳动模范

　　1983 年　上海市劳动模范

　　1981 年　上海市劳动模范

二、国家级科技奖励

　　2007 年　外高桥集装箱码头建设集成创新技术研究国家科学技术进步奖二等奖

　　2005 年　现代集装箱码头智能化生产关键技术国家科学技术进步奖二等奖

　　1998 年　港口新型抓斗吊具系列推广（推广类）国家科学技术进步奖二等奖

　　1991 年　异步启闭废钢块料抓斗国家发明奖四等奖

1988 年　15 吨滑块式单索多瓣抓斗国家发明奖四等奖

1987 年　揪轮转轮式单索木材抓斗国家发明奖四等奖

### 三、省部级科技奖励

2011 年　港口物流关键技术集成创新与应用上海市科技进步奖一等奖

2011 年　集装箱感知系统关键技术及相关国际标准制定中国港口协会科学技术奖一等奖

2011 年　废旧特种工程轮胎高值化再制造成套技术装备与应用山东省科学技术奖一等奖

2010 年　现代港口物流服务示范工程中国物流与采购联合会科技进步奖一等奖

2010 年　废旧特种工程轮胎高值化再制造成套装备技术开发与应用中国石油和化学工业联合会科技进步奖二等奖

2010 年　上海罗泾散杂货港区建设集成创新技术研究中国水运建设行业协会科学技术奖二等奖

2010 年　现代港口散货装备集成技术开发与研制上海市科技进步奖二等奖

2009 年　现代港口散货装备集成技术开发与研制中国水运建设行业协会科学技术奖一等奖

2009 年　集装箱物流全程实时在线监控系统上海市技术发明奖二等奖

2009 年　集装箱物流全程实时在线监控系统中国航海学会科学技术奖二等奖

2009 年　集装箱装卸机卸作业安全防护系统中国港口协会科学技术奖二等奖

2008 年　集装箱 RTG 高架滑触线供电方式油改电研制国港口协会科学技术奖一等奖

2008 年　高压 TSC 动态无功功率补偿装置中国港口协会科学技术奖三等奖

2007 年　一种集装箱自动化堆场及堆场装卸工艺中国航海学会科学技术奖一等奖

2007 年　一种集装箱自动化堆场及堆场装卸工艺中国港口协会科学技术奖一等奖

2007 年　一种集装箱自动化堆场及堆场装卸工艺上海市技术发明奖三等奖

2007 年　港口大型机械装备缺陷综合检测及安全评估中国机械工业科学技术奖二等奖

2007 年　港口机械专用的废旧轮胎高值化利用技术开发与产业化中国石油和化学工业科学技术奖三等奖

2006 年　集装箱电子标签系统中国安全生产科技成果奖三等奖

2005 年　外高桥集装箱码头建设集成创新技术研究上海市科技进步奖二等奖

2005 年　外高桥集装箱码头建设集成创新技术研究中国航海科技奖一等奖

2005 年　新型轮胎式集装箱龙门起重机研制中国机械工业科学技术奖三等奖

2004 年　新型无线遥控散货抓斗上海市科学技术进步奖三等奖

2004 年　现代集装箱码头智能管理技术全国职工技术创

新奖一等奖

2003 年　上海港集装箱智能化管理成套技术上海市科技进步奖一等奖

2003 年　上海港集装箱智能化管理成套技术中国航海科技奖二等奖

2002 年　港口起重机结构故障诊断及智能维修系统湖北省科技进步奖二等奖

2001 年　抓斗动态仿真及优化研究上海市科学技术进步奖三等奖

1996 年　港口新型抓斗吊具系列推广交通部科技进步奖二等奖

1995 年　无损携袋器交通部科技进步奖三等奖

1993 年　单索、双索半剪式散货抓斗交通部科技进步奖二等奖

1993 年 7 月　JT5027–89 港口起重机用钢丝绳使用技术条件交通部科技进步奖三等奖

1993 年 1 月　新型抓斗系列推广和应用上海市科学技术进步奖三等奖

1992 年　国内木材成组运输新工艺及向货主码头延伸交通部科技进步三等奖

1991 年 4 月　卡环式木材集装运输工具及工艺系统上海市科学技术进步奖三等奖

1990 年　异步启闭废钢块料抓斗交通部科技进步奖二等奖

1988 年 12 月　15 吨滑块式单索多瓣抓斗国家劳动保护科

学技术进步奖四等奖

1987 年　15 吨滑块式单索多瓣抓斗交通部科技进步奖二等奖

1984 年　十吨撤轮式单索木材抓斗及原木装卸工艺交通部优秀科技成果奖二等奖

四、国际发明展览会奖

2010 年　全球集装箱跟踪管理和相关电子装置与读写设备德国纽伦堡国际创新发明展 IENA 金奖

2010 年　种可移动式岸电变频供电装置发明者世界联合会特别奖

2009 年　散货自动化装船系统 100 届巴黎国际发明展金奖

2009 年　散货自动化卸船系统 100 届巴黎国际发明展金奖

2008 年　集装箱物流全程在线信息和安全系统 99 届巴黎国际发明展金奖

2008 年　集装箱起重机实时在线安全监测系统 99 届巴黎国际发明展金奖

2008 年　激光对多通道集卡自动对位装置 99 届巴黎国际发明展金奖

2008 年　散货自动化装船和卸船系统第六届中国国际发明展金奖

2008 年　集装箱物流全程在线信息和安全系统第六届中国国际发明展金奖

2008 年　集装箱物流全程在线信息和安全系统日内瓦国际展览会创新大奖创新大奖

2008 年　集装箱起重机实时在线安全监测系统第六届中

国国际发明展金奖

2008 年　激光对多通道集卡自动对位装置第六届中国国际发明展金奖

2006 年　集装箱电子标签装置 97 届巴黎国际发明展金奖

2006 年　一种用于集装箱的电子标签和电子封条的连接方法 97 届巴黎国际发明展金奖

2006 年　一种用于集装箱作业的安全装置 97 届巴黎国际发明展金奖

2006 年　集装箱自动化堆场及堆场装卸工艺 97 届巴黎国际发明展金奖

2004 年　上海港集装箱智能化管理成套技术 95 届巴黎国际发明展金奖

2004 年　遥控电动液压抓斗 95 届巴黎国际发明展金奖

2004 年　电缆卷筒 95 届巴黎国际发明展金奖

2004 年　上海港集装箱智能化管理成套技术第五届中国国际发明展金奖

2004 年　集装箱电子标签装置第五届中国国际发明展金奖

2004 年　一种集装箱生产系统中的无线 JAVA 通信服务方法第五届中国国际发明展金奖

2004 年　新型无线遥控散货抓斗第五届中国国际发明展金奖

2003 年　上海港集装箱智能化管理成套技术发明者世界联合会金奖

1994 年　无线遥控散货抓斗第 10 届美国国际发明展览会

金奖

　　1994 年　　防漏散货抓斗马来西亚新发明新设计展览会一等奖

　　1992 年　　无破损货袋物手钩布鲁塞尔尤利卡世界发明展览会金奖

　　1992 年　　直接充填海绵式实芯轮胎布鲁塞尔尤利卡世界发明展览会金奖

　　1992 年　　卡环式木材集装工具及工艺布鲁塞尔尤利卡世界发明展览会金奖

　　1992 年　　半剪式散货抓斗布鲁塞尔尤利卡世界发明展览会金奖

　　1991 年　　单双索木材抓斗及工艺第 7 届美国国际发明展览会金奖

　　1989 年　　异步启闭废钢块料抓斗第 80 届巴黎国际发明展览会金奖

　　1987 年　　15 吨滑块式单索多瓣抓斗日内瓦国际发明与新技术展览会金奖

# 后　记

## 创新的才思依然喷涌

当年 17 岁的包起帆，在上海港拼搏奋斗，度过了 43 年。到 2011 年包起帆步入了花甲之年，他告别了十分眷恋的码头。现在他已成为上海市政府的参事，目前在忙着做调查咨询工作。

他经常要去地处黄浦江畔的上海国际港务集团公司，打开窗户，眺望窗外，国际客运中心、东方明珠、国际会议中心、环球金融中心等一一映入眼帘。四十多年过去了，青春已如云飘逝，黄浦江涛声依旧，但上海港已发生翻天覆地的变化。记得他进码头时，上海港的吞吐量仅为 3570 万吨，去年集装箱吞吐量突破 3170 万标准箱，货物吞吐量达到 7.28 亿吨，已连续多年位居世界第一。这一刻，他感到有一种神奇而充沛的力量充盈自己的全身，自己的过去和现在仿佛重叠在一起，形成了一幅完整的图画。

说起码头，说起创新，包起帆依然激情四射。他说，随着经济和贸易的发展，上海港的吞吐能力又呈现超负荷运作的状况，上海港又面临挑选新港址的问题。他说，最近他偕港口业界人士进行调查，提出了新港址的选址方案。

他说，目前上海港主力港区分布在外高桥集装箱和滚装码头、洋山集装箱码头、罗泾散货码头和少量黄浦江下游杂货码头四大区域。上港集团在 2009 年做好了外高桥七期的工程可行性研究，因为该岸线已另有重用，无法开展公共码头建设。纵观上海和长江口深水岸线及近岸土地，均已到了"山重水复疑无路"的地步。从静止的观念来看长江口和杭州湾，上海地区确实很难找到完整的深水岸线及近岸土地了。

目前上海港集装箱码头和散杂货码头的能力已趋饱和。以外高桥港区为例，外高桥一至六期码头的总设计集装箱吞吐量为 665 万标准箱。2010 年外高桥港区的集装箱吞吐量占上海港集装箱吞吐量的 51%，为 1505 万标准箱，是设计吞吐量的 2.26 倍。很明显，现有吞吐能力已经超负荷运转。

洋山港区自开港以来，取得了巨大成就，吞吐量也已逐渐达到了设计能力。与此同时，也逐渐暴露出其难以克服的几方面制约：一是航道水深只有 15 米，难以满足 1.8 万标准箱以上超大型集装箱船的要求；二是码头岸线短，港区陆域靠吹填形成，发展空间有限；三是来自现行体制及行政区划的障碍，新泊位建设步履艰难。

上海港目前缺乏负 20 米及以上的超深水航道，难以适应现代航运业船舶的大型化发展的要求和趋势。这与上海港将要承担的任务和国际航运中心的地位不相匹配。

有研究推算，上海港需要维持每年 200-300 万标准箱增量的发展速度方能满足国民经济发展和长江流域对外贸易发展的需求。为此，谋划扩展新的岸线，建设新的港区应该摆上议事日程。

为了寻找上海港发展的出路，上海各方已做了一些前期工作，形成共识的是在横沙建港较为适宜。但这些研究都是零星的，在各个不同部门开展的，更没有开展过以港口建设为目标的系统性研究。因此,目前已经到了就上海港开展新港区选址研究的最佳时机。

据包起帆介绍,横沙岛处于长兴岛下游,长江口深水航道北侧,正在实施东滩吹填成陆工程,未来岸线资源可供利用。特别是长江隧桥的建成,形成了苏北与上海联接的大通道,为横沙建港创造了交通便利,奠定了基础。

包起帆最近已经以上海市政府参事的名义,发出了关于上海港新港区选址的提案。

他提出的另一项建议是加快物流网技术在国际航运中心建设中的应用。包起帆说,中国物流产业占 GDP 的比重已达 18%,而发达国家仅为 8%-10%,中国物流成本居高不下,将会影响中国经济的发展。他认为构建一个集装箱监控网,实行监控箱、货、流的信息,能通过追溯物流全过程,界定运输责任,提高集装箱的运输安全和效率,及时调整供应链计划等,推广这项技术,对加快国际航运中心的建设有重要意义。

2012 年 3 月,上海第二工业大学特聘包起帆为首席教授,并以他的名字命名组建专家工作室,将选拔骨干教师组成工作室研究团队,在专家的带领下开展学术研究与产业对接工作。包起帆说,他的工作室主要研究方向为全球供应链和基于物联网技术的物流管理。

《诗经》云:"靡不有初,鲜克有终。"就是说一件事开始容易,但坚持做到最后却很难。包起帆是在有了一个开始后,就用心做到最后的人。就是因为有这样的专注和认真,他最终走向了成功。

# /100位

新中国成立以来感动中国人物／

丁晓兵　马万水　马永顺　马恒昌　马海德　中国女排五连冠群体

孔祥瑞　孔繁森　文花枝　方永刚　方红霄　毛岸英

王　杰　王　选　王　瑛　王乐义　王有德　王启民

王进喜　王顺友　邓平寿　邓建军　邓稼先　丛　飞

包起帆　史光柱　史来贺　叶　欣　甘远志　申纪兰

白芳礼　任长霞　刘文学　刘英俊　华罗庚　向秀丽

廷·巴特尔　许振超　达吾提·阿西木　邢燕子　吴大观

吴仁宝　吴天祥　吴金印　吴登云　宋鱼水　张　华

张云泉　张秉贵　张海迪　时传祥　李四光　李春燕

李桂林和陆建芬夫妇　李素芝　李梦桃　李登海　杨利伟

杨怀远　杨根思　苏　宁　谷文昌　邰丽华　邱少云

邱光华　邱娥国　陈景润　麦贤得　孟　泰　孟二冬

林　浩　林巧稚　林秀贞　欧阳海　罗映珍　罗健夫

罗盛教　草原英雄小姐妹　赵梦桃　钟南山　唐山十三农民

容国团　徐　虎　秦文贵　袁隆平　钱学森　常香玉

黄继光　彭加木　焦裕禄　蒋筑英　谢延信　韩素云

窦铁成　赖　宁　雷　锋　谭　彦　谭千秋　谭竹青

樊锦诗

图书在版编目（CIP）数据

包起帆 / 冯亦珍著. -- 长春 ：吉林文史出版社，
2012.7（2024.5重印）
（100位新中国成立以来感动中国人物）
ISBN 978-7-5472-1141-0

Ⅰ. ①包… Ⅱ. ①冯… Ⅲ. ①包起帆－生平事迹－青
年读物②包起帆－生平事迹－少年读物 Ⅳ.
①K826.16-49

中国版本图书馆CIP数据核字(2012)第171706号

# 包起帆

BAOQIFAN

著/ 冯亦珍

选题策划/ 王尔立　责任编辑/ 王尔立 李洁华 马华 任玉茗

装帧设计/ 韩璘

出版发行/ 吉林文史出版社

地址/ 长春市福祉大路5788号　邮编/ 130118

电话/ 0431-81629363　传真/ 0431-86037589

印刷/ 天津海德伟业印务有限公司

版次/ 2012年8月第1版 2024年5月第5次印刷

开本/ 640mm×920mm　1/16

印张/ 9　字数/ 100千

书号/ ISBN 978-7-5472-1141-0

定价/ 29.80元